# DICCIONARIO DECLARACIÓN DE LA RENTA

## CONOCE TODOS LOS TÉRMINOS Y CONCEPTOS Y NO PAGUES DE MÁS

### BORJA PASCUAL

**www.diccionario-declaracion-renta.guiaburros.es**

EDITATUM

Diseño de cubierta: © Marta Villarín (EDITATUM)

Maquetación de interior: © EDITATUM

Primera edición: marzo de 2024

ISBN: 978-84-19731-59-3

Depósito Legal: M-5171-2024

IMPRESO EN ESPAÑA/ PRINTED IN SPAIN

Te invitamos a registrar la compra de tu libro o *e-book* dándote de alta en el **Club GuíaBurros,** obtendrás directamente un cupón de **2 € de descuento** para tu próxima compra.

Además, si después de leer este libro lo has considerado útil e interesante, te agradeceríamos que hicieras sobre él una **reseña honesta en cualquier plataforma de opinión** y nos enviaras un *e-mail* a **opiniones@guiaburros.es** para poder, desde la editorial, enviarte **como regalo otro libro de nuestra colección.**

# Sobre el autor

 Borja Pascual es presidente de la Asociación Nacional de Nuevas Empresas, Roamers, Emprendedores y Autónomos, aNerea. Es fundador y CEO de Gruporum, grupo de empresas dedicadas a ofrecer servicios profesionales.

Informático de profesión, pero siempre más interesado en la gestión de proyectos, en la comunicación y el *marketing,* en el desarrollo de nuevos canales, en la gestión de objetivos y en el desarrollo de nuevas ideas y modelos de negocio.

Es autor de *Ahorra o nunca, cómo ahorrar y sacar el máximo partido a tus ahorros; Empresario o Emperdedor; 10 Errores que nunca debe cometer en su negocio; GuíaBurros: Emprendimiento de Guerrilla; GuíaBurros: Autónomos; GuíaBurros: El Arte de la Prudencia; GuíaBurros: Las ocho disciplinas del Dragón; GuíaBurros: Sociedades limitadas; GuíaBurros: Diccionario de Marketing; GuíaBurros: Modelos de negocio; GuíaBurros: Ventas Online; GuíaBurros: Píldoras para el emprendimiento I; GuíaBurros: Neuromarketing de guerrilla; GuíaBurros: Píldoras para el emprendimiento II y GuíaBurros: Cómo aprender a gestionar bien el tiempo,* todos de la editorial Editatum, y de *Cómo montar un negocio online* de la editorial Almuzara.

# Índice

# Declaración de la Renta en España: historia, evolución y curiosidades

La Declaración de la Renta es un elemento crucial en el sistema fiscal español, representando no solo una obligación tributaria para millones de ciudadanos, sino también una herramienta clave en la recaudación y redistribución de ingresos del Estado.

Este capítulo explora la evolución histórica de la Declaración de la Renta en España, sus orígenes, cómo ha cambiado a lo largo de los años, quiénes están obligados a declarar, su importancia en la recaudación de impuestos en comparación con otros tributos, y algunas anécdotas y curiosidades que han marcado su trayectoria.

## Definición de Declaración de la Renta en España

La Declaración de la Renta en España es un procedimiento anual mediante el cual los contribuyentes informan a la Agencia Tributaria sobre sus ingresos, gastos deducibles, inversiones y otras circunstancias personales y familiares que afectan su situación fiscal. Este proceso es fundamental para calcular el Impuesto sobre la Renta de las Personas

Físicas (IRPF), un impuesto directo y personal que grava los ingresos obtenidos por las personas físicas residentes en España durante el año fiscal.

La Declaración de la Renta abarca diversos tipos de ingresos, como los rendimientos del trabajo (salarios, pensiones, etc.), rendimientos del capital inmobiliario (ingresos por alquileres), rendimientos del capital mobiliario (intereses, dividendos), y ganancias patrimoniales (beneficios obtenidos de la venta de bienes). También contempla diversas deducciones y reducciones basadas en la situación personal y familiar del contribuyente, como deducciones por maternidad, por inversión en vivienda habitual, por donativos a entidades benéficas, y otras.

Esta declaración se presenta generalmente entre abril y junio del año siguiente al que se reportan los ingresos.

El resultado de la declaración puede ser una cantidad a pagar al Estado si las retenciones y pagos a cuenta realizados durante el año son inferiores a la cuota final del impuesto, o una devolución si estas retenciones y pagos superan el importe del impuesto debido.

La Declaración de la Renta es esencial en el sistema tributario español, ya que permite ajustar la carga fiscal a las circunstancias reales de cada contribuyente, garantizando así un sistema más justo y equitativo. Además, es un mecanismo clave para la recaudación de ingresos estatales, que se destinan a financiar servicios públicos y programas de bienestar social.

# Características de la Declaración de la Renta en España

La Declaración de la Renta en España posee varias características distintivas que la definen como un componente esencial del sistema fiscal del país:

- **Universalidad y personalización.** Afecta a la mayoría de los residentes en España, incluyendo trabajadores por cuenta ajena y propia, pensionistas, inversores y cualquier persona que obtenga ingresos sujetos a tributación. Cada declaración se personaliza según las circunstancias individuales del contribuyente, incluyendo ingresos, situación familiar y gastos deducibles.

- **Anualidad.** Se presenta anualmente, normalmente entre abril y junio, correspondiendo a los ingresos y gastos del año fiscal anterior.

- **Obligatoriedad y voluntariedad.** No todos los ciudadanos están obligados a presentarla. La obligación de declarar depende de varios factores, como el nivel de ingresos, el tipo de ingresos recibidos y las deducciones aplicables. Para algunos, especialmente aquellos con ingresos bajos o que solo reciben ciertos tipos de ingresos, la presentación puede ser voluntaria.

- **Diversos tipos de ingresos.** Incluye varios tipos de ingresos como rendimientos del trabajo, del capital inmobiliario y mobiliario, ganancias y pérdidas patrimoniales y actividades económicas.

- **Deducciones y reducciones.** Permite una serie de deducciones y reducciones basadas en gastos específicos (como inversiones en vivienda habitual, donaciones, aportaciones a planes de pensiones) y en circunstancias personales y familiares (como discapacidad, número de hijos).

- **Progresividad.** La imposición es progresiva, lo que significa que a mayores ingresos, mayor es el porcentaje de impuesto aplicable. Esto se refleja en los diferentes tramos de la escala impositiva.

- **Declaración conjunta o individual.** Los contribuyentes casados pueden optar por presentar la declaración de forma conjunta o individual, lo cual puede tener implicaciones en la carga fiscal total.

- **Uso de tecnología.** La Agencia Tributaria facilita la presentación a través de sistemas en línea como Renta Web, que simplifica el proceso permitiendo la gestión y presentación electrónica de la declaración.

- **Regularización fiscal.** Sirve como mecanismo de regularización entre los impuestos retenidos o pagados a cuenta durante el año y la cuota final que efectivamente corresponde pagar, lo que puede resultar en una devolución o un pago adicional.

- **Transparencia y control fiscal.** Contribuye a la transparencia fiscal y es una herramienta clave en la lucha contra el fraude fiscal, permitiendo a la Agencia

Tributaria controlar y verificar la correcta tributación de los ciudadanos.

Estas características hacen que la Declaración de la Renta sea un pilar fundamental en el sistema tributario español, reflejando los principios de equidad y progresividad fiscal y garantizando la adecuada recaudación de ingresos para el Estado.

## Orígenes e historia de la Declaración de la Renta en España

Los orígenes e historia de la Declaración de la Renta en España se remontan a varios siglos atrás, aunque la forma actual del impuesto y su declaración se consolidaron en el siglo xx.

Aquí se presenta un breve recorrido histórico:

## Siglos XVIII y XIX: primeros antecedentes

Los antecedentes de un sistema tributario moderno en España se encuentran en las reformas fiscales del siglo XVIII bajo el reinado de Carlos III. Sin embargo, fue en el siglo XIX cuando se empezaron a desarrollar impuestos directos similares a lo que hoy conocemos como el IRPF. Estos primeros sistemas eran rudimentarios y estaban más enfocados en la riqueza y propiedades que en los ingresos.

# Principios del siglo XX: evolución hacia un sistema moderno

Durante el primer tercio del siglo XX, se realizaron varios intentos para modernizar el sistema fiscal y adaptarlo a los estándares europeos. En 1900, se estableció un impuesto progresivo sobre la renta, aunque su aplicación fue limitada.

## La dictadura de Franco: centralización y control

Durante la dictadura de Franco, el sistema fiscal español sufrió una centralización y un control más estricto. Se introdujo el impuesto sobre la renta en 1932, aunque su implementación efectiva fue posterior a la Guerra Civil Española. Este sistema se caracterizaba por su rigidez y falta de adaptación a las realidades económicas y sociales.

## Transición a la democracia: reforma fiscal de 1978

La transición a la democracia en España trajo consigo una importante reforma fiscal en 1978, modernizando el sistema tributario y adaptándolo a las necesidades de una economía más abierta y descentralizada. Esta reforma estableció las bases del actual sistema del IRPF, incluyendo la progresividad del impuesto y la incorporación de deducciones y exenciones.

## 1980-1990: ajustes y mejoras

Durante los años 80 y 90, el sistema continuó refinándose. Se hicieron ajustes en los tramos impositivos y se introdujeron diversas deducciones para adaptar la tributación a diferentes situaciones personales y familiares. Estos años también vieron mejoras en la gestión y recolección de impuestos.

## Era digital y simplificación

Desde la década de 1990, con el avance de la tecnología digital, se han hecho esfuerzos para simplificar el proceso de declaración de la renta.

La introducción de sistemas electrónicos y plataformas en línea como Renta Web ha facilitado a los contribuyentes la gestión y presentación de sus declaraciones, mejorando la eficiencia y accesibilidad del sistema.

La evolución de la Declaración de la Renta en España refleja cambios significativos en la sociedad y la economía del país, pasando de un sistema rudimentario y centralizado a un esquema más progresivo, descentralizado y tecnológicamente avanzado.

La historia del IRPF en España es también la historia de cómo el país ha ido adaptando sus políticas fiscales para atender mejor a las demandas de una sociedad cambiante y una economía más integrada en el contexto global.

# ¿Quiénes están obligados a hacer la Declaración de la Renta en España?

En España, no todos los ciudadanos están obligados a presentar la Declaración de la Renta. La obligación de declarar depende de varios factores relacionados con los ingresos y circunstancias personales del contribuyente.

A continuación, se detallan los principales criterios que determinan esta obligación:

- **Nivel de ingresos.**

  - **Rendimientos del trabajo.** Generalmente, los contribuyentes con rendimientos del trabajo inferiores a 22 000 euros anuales no están obligados a declarar, siempre y cuando estos ingresos provengan de un único pagador. Si hay más de un pagador y la suma del segundo y restantes supera los 1500 euros, el límite se reduce a 14 000 euros.

  - **Rendimientos del capital y ganancias patrimoniales.** Quienes obtengan menos de 1600 euros anuales en total por estos conceptos no necesitan presentar la declaración.

  - **Rentas inmobiliarias imputadas, rendimientos de letras del Tesoro y subvenciones para adquisición de viviendas de protección oficial o de precio tasado.** El límite es de 1000 euros anuales.

- **Doble imposición internacional.** Los contribuyentes que trabajen en el extranjero y paguen impuestos en esos países pueden estar exentos de declarar en España, en virtud de los tratados para evitar la doble imposición, siempre que cumplan con ciertos requisitos.

- **Situación personal o familiar.** Las circunstancias personales o familiares, como el matrimonio, número de hijos, o situaciones de discapacidad, pueden influir en la obligación de declarar, especialmente en el caso de optar por la tributación conjunta.

- **Ingresos por alquileres y actividades económicas.** Los contribuyentes con ingresos por alquiler o actividades económicas suelen estar obligados a presentar la declaración, aunque los límites pueden variar en función de las características y cuantía de estos ingresos.

- **Reintegros de planes de pensiones, asegurados y sistemas alternativos.** Quienes realicen aportaciones a estos sistemas deben declarar, ya que estos ingresos afectan la base imponible.

- **Deducciones y bonificaciones.** Los contribuyentes que deseen aplicar deducciones o bonificaciones fiscales, como por inversión en vivienda habitual, por maternidad, por donaciones, etc., deben presentar la declaración para poder beneficiarse de ellas.

Es importante que cada contribuyente evalúe su situación individual, ya que incluso aquellos que no están obligados a declarar pueden beneficiarse haciéndolo, especialmente si tienen derecho a deducciones o devoluciones. La Agencia Tributaria proporciona guías y herramientas para ayudar a los contribuyentes a determinar si deben o no presentar la Declaración de la Renta.

## Recaudación de IRPF en España en comparación con el resto de tributos

El Impuesto sobre la Renta de las Personas Físicas (IRPF) es uno de los pilares fundamentales del sistema tributario en España y juega un rol crucial en la recaudación total de ingresos fiscales del país. Su recaudación en comparación con otros tributos y su evolución a lo largo de los años reflejan tanto cambios económicos como políticas fiscales del Estado.

### Comparación con otros tributos

- **Impuesto sobre el Valor Añadido (IVA).** Junto con el IRPF, el IVA es uno de los impuestos que más contribuye a los ingresos fiscales. Mientras que el IRPF grava los ingresos de las personas físicas, el IVA, un impuesto indirecto, se aplica al consumo de bienes y servicios. Aunque la recaudación de ambos impuestos puede ser similar, el IRPF suele ser más sensible a los cambios en la economía, como el empleo y los salarios, mientras que el IVA depende más del consumo general.

- **Impuesto sobre Sociedades.** Este impuesto grava los beneficios de las empresas. Aunque es una fuente importante de ingresos, su recaudación suele ser menor que la del IRPF, reflejando la distribución del peso fiscal entre individuos y corporaciones.

## Evolución del IRPF

- **Décadas de 1980 y 1990.** Tras la implementación del sistema actual de IRPF en la reforma fiscal de 1978, la recaudación de este impuesto ha experimentado un crecimiento significativo, impulsado por el desarrollo económico y las reformas fiscales sucesivas que han ajustado tanto las tarifas como las deducciones.

- **Principios del siglo XXI.** Durante los primeros años del siglo XXI, España experimentó un auge económico que se reflejó en un aumento de la recaudación del IRPF. Sin embargo, la crisis financiera global de 2008 impactó negativamente en los ingresos fiscales, incluido el IRPF, debido al aumento del desempleo y la disminución de los ingresos.

- **Post-crisis financiera.** Tras la crisis, se implementaron varias reformas fiscales para aumentar la recaudación y reducir el déficit público. Estas reformas incluyeron aumentos en los tipos impositivos del IRPF para los tramos de ingresos más altos y reducciones de algunas deducciones.

- **Actualidad.** En los últimos años, la recaudación del IRPF ha mostrado signos de recuperación, siguiendo la mejora de la economía española. Sin embargo, sigue enfrentando desafíos como el empleo precario y el fraude fiscal, que pueden afectar su eficacia recaudatoria.

El IRPF, como herramienta clave de recaudación y redistribución de ingresos, ha experimentado numerosos cambios y ajustes para adaptarse a las condiciones económicas y políticas de España. Su recaudación, en comparación con otros impuestos, destaca la importancia de este impuesto en la estructura fiscal del país y su sensibilidad a la situación económica y laboral de los ciudadanos.

## Anécdotas y curiosidades de la Declaración de la Renta en España

La Declaración de la Renta en España, al igual que cualquier otro aspecto importante de la administración pública, está rodeada de anécdotas y curiosidades que reflejan su evolución y la relación entre los contribuyentes y el sistema fiscal.

A continuación, se presentan algunas de estas historias y hechos curiosos:

- **Orígenes históricos inusuales.** La historia del sistema tributario español se remonta a épocas medievales y a sistemas como el "Diezmo", un impuesto eclesiástico que representaba la décima parte de la producción agrícola. Aunque muy diferente de la actual Declaración de la Renta, muestra cómo los sistemas tributarios han sido parte integral de la sociedad española durante siglos.

- **La era digital y sus desafíos.** Con la introducción de la presentación electrónica de las declaraciones, hubo varios tropiezos tecnológicos en los primeros años. Por ejemplo, en los inicios de la presentación *online*, algunos contribuyentes se encontraron con errores en el sistema que complicaban la presentación, reflejando los desafíos de adaptar un proceso complejo a la era digital.

- **Errores cómicos en las declaraciones.** Se han dado casos donde los contribuyentes han intentado deducir gastos personales inusuales y claramente no deducibles, como vacaciones, fiestas o incluso mascotas. Estos errores, aunque anecdóticos, muestran la diversidad de interpretaciones (y malinterpretaciones) de lo que puede ser considerado un gasto deducible.

- **Fraudes fiscales y famosos.** A lo largo de los años, han salido a la luz varios casos de evasión fiscal involucrando a celebridades y deportistas famosos. Estos casos han captado gran atención mediática y han sido un recordatorio de la importancia de la ética fiscal y la igualdad ante la ley, independientemente del estatus social.

- **Curiosidades en las deducciones.** En diferentes momentos, han existido deducciones curiosas adaptadas a situaciones específicas de la sociedad española. Por ejemplo, en el pasado, existieron deducciones por la adquisición de activos digitales como ordenadores, fomentando la modernización tecnológica de los hogares.

- **El Uso de metáforas en campañas de concienciación.** La Agencia Tributaria ha utilizado metáforas y analogías en sus campañas para explicar la importancia de los impuestos. Un ejemplo es comparar el sistema tributario con una cadena donde cada eslabón es un contribuyente, destacando cómo la contribución de todos sostiene los servicios públicos.

Estas anécdotas y curiosidades reflejan la complejidad y los desafíos del sistema fiscal español, así como su evolución y adaptación a los cambios en la sociedad y la tecnología. Además, subrayan la interacción a menudo colorida entre los ciudadanos y las autoridades fiscales a lo largo de la historia.

## Conclusión Declaración de la Renta en España

La Declaración de la Renta en España es más que un mero trámite administrativo; es un reflejo de la evolución social y económica del país.

A lo largo de los años, ha experimentado transformaciones significativas, adaptándose a los cambios tecnológicos, económicos y sociales. Su estudio no solo ofrece una visión de la fiscalidad española, sino también de su historia y sociedad.

# A

**Actividades económicas.** En la Declaración de la Renta en España, las actividades económicas comprenden todas aquellas acciones, operaciones o tareas que realizan los individuos o entidades con el fin de generar ingresos y que están sujetas a tributación.

Estas actividades se dividen en varias categorías, incluyendo actividades agrícolas, ganaderas, pesqueras, empresariales, profesionales y artísticas. Cada tipo de actividad tiene regulaciones fiscales específicas que los contribuyentes deben seguir.

Al realizar la declaración de la renta, es necesario declarar tanto los ingresos obtenidos como los gastos incurridos en el desarrollo de estas actividades. Los ingresos engloban todas las cantidades recibidas, mientras que los gastos deducibles incluyen aquellos necesarios para generar, conservar y mejorar dichos ingresos, siempre que estén debidamente justificados.

Los contribuyentes que ejercen actividades económicas enfrentan obligaciones adicionales, como mantener libros contables, realizar pagos fraccionados y presentar declaraciones informativas específicas.

Estas responsabilidades varían según la naturaleza y el tamaño de la actividad.

La correcta declaración y gestión fiscal de las actividades económicas son esenciales para evitar sanciones o recargos por parte de las autoridades fiscales.

Además, los contribuyentes deben estar al tanto de los cambios legislativos que puedan afectar su situación fiscal y, en muchos casos, se recomienda la asesoría profesional para garantizar el cumplimiento adecuado de todas las normativas vigentes.

**Agencia Tributaria.** La Agencia Estatal de Administración Tributaria, más conocida como Agencia Tributaria, es el organismo público encargado de la administración del sistema tributario y aduanero en España.

Su principal función es asegurar el cumplimiento de las obligaciones tributarias y aduaneras, jugando un papel crucial en la recaudación de impuestos, tasas y contribuciones.

Esta recaudación es vital para el financiamiento de los servicios públicos y el bienestar social del país. Entre sus responsabilidades se incluyen la gestión, inspección, recaudación y revisión de los tributos estatales. También se encarga de combatir el fraude fiscal y de facilitar información y asistencia a los contribuyentes.

La Agencia Tributaria ofrece herramientas y plataformas en línea para facilitar la presentación de declaraciones tributarias, incluyendo la Declaración de la Renta. Además, gestiona los procedimientos aduaneros y controla la entrada y salida de mercancías, asegurando el cumplimiento de las normativas comerciales y fiscales. Colabora con otras instituciones nacionales e internacionales en la lucha contra el fraude fiscal, el contrabando y el blanqueo de capitales.

Su actuación va más allá de ser un ente recaudador; es una entidad de servicio público que asiste y orienta a ciudadanos y empresas en materia fiscal, promoviendo la equidad y eficiencia en el sistema tributario.

**Amortización.** En la Declaración de la Renta en España, la amortización se refiere al proceso contable y fiscal que representa la depreciación o desgaste de los bienes de inversión de un negocio o actividad económica a lo largo del tiempo.

Este concepto permite a los empresarios y profesionales disminuir el valor contable de sus activos fijos tangibles, como maquinaria y equipos, e intangibles, como patentes y licencias, de manera sistemática y acorde a su pérdida de valor por el uso, el tiempo o la obsolescencia.

La amortización se considera un gasto deducible en la determinación de la base imponible del Impuesto sobre la Renta de las Personas Físicas (IRPF) o del Impuesto sobre Sociedades.

El importe de la amortización reduce el beneficio sujeto a impuestos, disminuyendo así la carga fiscal del contribuyente.

Para calcular la amortización, se deben seguir las normas establecidas por la legislación fiscal, que dictan los porcentajes máximos de amortización y los métodos permitidos, variando según la naturaleza y vida útil del bien.

Es crucial mantener un registro detallado y justificado de los bienes sujetos a amortización y del método y cálculo empleado.

La política de amortización debe ser coherente y ajustarse a las normas fiscales para evitar discrepancias que puedan resultar en ajustes o sanciones por parte de las autoridades fiscales.

La amortización es una herramienta clave en la planificación fiscal, permitiendo a los contribuyentes reflejar con precisión la realidad económica de sus negocios y reducir legítimamente su carga tributaria.

**Anualidad por alimentos.** La anualidad por alimentos en el contexto de la Declaración de la Renta en España se refiere a las cantidades pagadas por un contribuyente para la manutención de sus hijos en virtud de una decisión judicial o acuerdo en casos de separación, divorcio o situaciones similares.

Estas cantidades pueden incluir gastos de alimentación, educación, salud y vivienda, entre otros. Fiscalmente, las anualidades por alimentos no son consideradas como un ingreso para quien las recibe, y por tanto, no están sujetas a tributación en su declaración de la renta.

Para el pagador, estas cantidades son deducibles en su declaración del IRPF, siempre que se cumplan ciertas condiciones establecidas por la ley.

Este tipo de deducción es relevante porque reduce la base imponible del contribuyente, disminuyendo así el impuesto a pagar.

Es importante que los pagos se realicen por medios que permitan su trazabilidad, como transferencias bancarias, para que puedan ser debidamente justificados ante la Agencia Tributaria en caso de ser requerido.

La anualidad por alimentos no incluye las cantidades destinadas a compensar al cónyuge, que se tratan fiscalmente de manera diferente.

Para aplicar correctamente esta deducción, es aconsejable estar al tanto de la normativa vigente y de los criterios interpretativos de la Agencia Tributaria, ya que pueden existir matices y condiciones específicas que determinen su aplicabilidad.

**Aplazamiento de pago.** El aplazamiento de pago en la Declaración de la Renta en España es un mecanismo que permite a los contribuyentes posponer o fraccionar el pago de sus deudas tributarias. Esta opción es particularmente útil en situaciones donde el contribuyente enfrenta dificultades temporales de liquidez que le impiden cumplir con sus obligaciones fiscales en los plazos establecidos.

Para acceder a un aplazamiento, el contribuyente debe presentar una solicitud ante la Agencia Tributaria, justificando su situación y acompañándola, en muchos casos, de un plan de pagos.

El otorgamiento de un aplazamiento está sujeto a la evaluación y aprobación de la Agencia Tributaria, y puede implicar el pago de intereses de demora.

La normativa fiscal establece los requisitos, condiciones y límites para conceder aplazamientos, incluyendo límites en el monto y en la duración del aplazamiento.

Es importante destacar que el aplazamiento no exime al contribuyente de su obligación tributaria, sino que proporciona un alivio temporal, permitiendo una gestión más flexible de sus finanzas.

El cumplimiento puntual de los pagos fraccionados según lo acordado es crucial para evitar penalizaciones adicionales o la revocación del aplazamiento.

Los contribuyentes deben considerar esta opción como un recurso excepcional y no como una práctica habitual, y es recomendable asesorarse adecuadamente para evaluar su viabilidad y consecuencias.

**Aportaciones a patrimonios protegidos.** Las aportaciones a patrimonios protegidos en la Declaración de la Renta en España se refieren a las cantidades que se destinan a los patrimonios protegidos de personas con discapacidad. Estos patrimonios tienen como finalidad asegurar los recursos económicos para el bienestar y la atención de personas con discapacidad, ofreciendo un marco legal y fiscal favorable para su gestión.

Las aportaciones realizadas, tanto por la propia persona con discapacidad como por sus familiares o terceros, pueden beneficiarse de importantes ventajas fiscales en el IRPF.

Las aportaciones a estos patrimonios están sujetas a ciertos límites anuales para poder aplicar la deducción. Además, la normativa establece requisitos específicos sobre quién puede realizar estas aportaciones y bajo qué condiciones.

Las ventajas fiscales de estas aportaciones son un incentivo para fomentar el apoyo económico a las personas con discapacidad, ayudando a garantizar su autonomía financiera y su inclusión social.

Es importante que los contribuyentes que realicen aportaciones a patrimonios protegidos estén al tanto de la normativa vigente y de los límites aplicables para aprovechar correctamente las deducciones fiscales.

La documentación y justificación adecuada de estas aportaciones es esencial para su reconocimiento por parte de la Agencia Tributaria.

Esta figura representa un importante mecanismo de solidaridad y apoyo a las personas con discapacidad en el marco del sistema fiscal español.

# B

**Base imponible.** La base imponible en la Declaración de la Renta en España es el elemento clave para determinar la cantidad sobre la cual se aplicará el impuesto.

Se calcula partiendo de los ingresos totales del contribuyente y realizando las correspondientes deducciones y ajustes según lo establecido por la ley.

En el contexto del Impuesto sobre la Renta de las Personas Físicas (IRPF), la base imponible se divide en dos categorías: la base imponible general y la base imponible del ahorro.

La base imponible general incluye la mayoría de los ingresos del contribuyente, como rendimientos del trabajo, rendimientos de actividades económicas, y algunos rendimientos del capital inmobiliario. Por otro lado, la base imponible del ahorro abarca los ingresos procedentes del capital mobiliario (como dividendos e intereses) y las ganancias y pérdidas patrimoniales que no se integran en la base imponible general.

La determinación de la base imponible es un paso fundamental en la declaración de impuestos, ya que de ella dependerá la cantidad total del impuesto a pagar antes de aplicar las deducciones y bonificaciones específicas.

Los contribuyentes deben asegurarse de incluir correctamente todos los ingresos y realizar las deducciones permitidas para establecer adecuadamente su base imponible.

**Base liquidable.** La base liquidable es un término fundamental en la Declaración de la Renta en España y se refiere al monto resultante tras aplicar las reducciones a la base imponible. Esta cifra es la que se utiliza para calcular el impuesto efectivamente a pagar. La base liquidable se obtiene después de realizar una serie de deducciones permitidas sobre la base imponible, que pueden incluir deducciones por aportaciones a planes de pensiones, por tener hijos o personas a cargo, por inversiones en vivienda habitual, entre otras.

Al igual que la base imponible, la base liquidable se divide en dos categorías: general y del ahorro. Las reducciones aplicables pueden variar cada año fiscal y están sujetas a cambios en la legislación tributaria.

Es esencial que los contribuyentes estén informados sobre las deducciones aplicables a su situación particular para poder calcular correctamente la base liquidable y, por ende, el impuesto a pagar.

**Borrador de la renta.** El borrador de la renta es un documento que facilita la Agencia Tributaria a los contribuyentes en España como un servicio de ayuda para la declaración del IRPF. Este borrador contiene una propuesta de declaración de renta basada en los datos fiscales que la Agencia Tributaria tiene del contribuyente. Incluye información sobre ingresos, deducciones, retenciones y otros datos relevantes para la declaración.

El borrador de la renta tiene como objetivo simplificar el proceso de declaración, especialmente para aquellos contribuyentes cuya situación fiscal no es compleja. Sin embargo, es responsabilidad del contribuyente revisar, modificar y confirmar que todos los datos en el borrador son correctos y completos antes de su presentación. En caso de que falten datos o haya errores, el contribuyente debe corregirlos para asegurarse de que la declaración refleje fielmente su situación fiscal.

Este servicio es particularmente útil para quienes no tienen grandes complicaciones fiscales, como los contribuyentes con ingresos principalmente por nómina.

El borrador de la renta se ha convertido en una herramienta importante para facilitar el cumplimiento de las obligaciones fiscales en España, contribuyendo a la eficiencia y simplificación del proceso de declaración de impuestos.

# C

**Casilla.** En el contexto de la Declaración de la Renta en España, una "casilla" se refiere a un espacio específico en el formulario de declaración donde el contribuyente debe introducir una información concreta.

Cada casilla está numerada y corresponde a un tipo particular de dato o valor que se debe reportar. Por ejemplo, hay casillas destinadas a reflejar ingresos del trabajo, deducciones aplicables, datos personales, entre otros. La correcta comprensión y cumplimentación de estas casillas son esenciales para asegurar que la declaración de impuestos sea precisa y completa.

Las casillas son la base del cálculo del impuesto y cualquier error en su llenado puede tener implicaciones en el cálculo final del impuesto a pagar o del reembolso a recibir.

La Agencia Tributaria ofrece guías y asistencia para ayudar a los contribuyentes a entender qué información se debe introducir en cada casilla. Con el sistema de declaración electrónica, muchas de estas casillas se rellenan automáticamente con los datos fiscales disponibles, aunque siempre es responsabilidad del contribuyente revisar y confirmar su exactitud.

**Cédula de liquidación.** La cédula de liquidación es un documento emitido por la Agencia Tributaria en España que detalla el resultado de un proceso de revisión o inspección fiscal. Este documento es fundamental cuando existen discrepancias entre lo declarado por el contribuyente y lo calculado por la Agencia Tributaria.

La cédula de liquidación especifica los ajustes realizados a la base imponible, la base liquidable, las deducciones, los recargos y los intereses, entre otros aspectos, y determina el monto final que el contribuyente debe pagar o que se le debe reembolsar.

La emisión de una cédula de liquidación suele seguirse de un procedimiento de notificación formal al contribuyente, quien tiene derecho a presentar alegaciones o recursos si no está de acuerdo con los ajustes realizados.

Este documento es crucial en el proceso administrativo tributario y su correcto entendimiento es esencial para garantizar los derechos y obligaciones del contribuyente.

**Certificado fiscal.** Un certificado fiscal es un documento oficial emitido por la Agencia Tributaria en España que acredita ciertos aspectos fiscales de un contribuyente. Estos certificados pueden ser utilizados para distintos propósitos, como demostrar que el contribuyente está al corriente en sus obligaciones fiscales, para acreditar las retenciones practicadas, o para justificar determinadas situaciones fiscales ante terceros.

Los certificados fiscales son comúnmente solicitados en procedimientos de contratación pública, en procesos de solicitud de ayudas o subvenciones, y en otras circunstancias donde se requiere verificar la situación fiscal del contribuyente.

Existen diferentes tipos de certificados fiscales, dependiendo de la información que se necesite acreditar. Por ejemplo, un certificado de estar al corriente de obligaciones tributarias, un certificado de retenciones e ingresos a cuenta, entre otros. Estos documentos son una herramienta esencial para garantizar la transparencia y el cumplimiento fiscal en diversas actividades económicas y administrativas.

La solicitud y obtención de estos certificados se puede realizar a través de los canales electrónicos de la Agencia Tributaria, facilitando así el acceso y la gestión por parte de los contribuyentes.

**Cese de actividad.** El cese de actividad se refiere a la situación en la que un autónomo o una empresa en España detiene de forma definitiva sus operaciones comerciales o profesionales.

En términos fiscales, el cese de actividad tiene implicaciones importantes, ya que supone el fin de las obligaciones tributarias asociadas a la explotación de esa actividad económica. Esto incluye la cesación de la declaración y pago de impuestos relacionados con la actividad, como el IRPF por rendimientos de actividades económicas, el IVA, y otros impuestos específicos.

Cuando se produce un cese de actividad, el contribuyente debe notificar a la Agencia Tributaria mediante la presentación de los formularios correspondientes. Esto es crucial para evitar la continuación de obligaciones fiscales como los pagos fraccionados, declaraciones trimestrales de IVA, y otros requerimientos.

Además, el contribuyente debe liquidar cualquier deuda tributaria pendiente y, en algunos casos, presentar una declaración final de impuestos.

El cese de actividad también puede dar lugar a derechos como la devolución de impuestos en ciertos casos.

Es importante llevar a cabo este proceso de manera ordenada y cumpliendo con todos los requisitos legales y fiscales para evitar posibles sanciones o complicaciones futuras.

**Cita previa.** La cita previa es un sistema utilizado por la Agencia Tributaria en España para gestionar y organizar la atención presencial a los contribuyentes.

Este sistema permite a los ciudadanos reservar una hora y fecha específica para ser atendidos en alguna de las oficinas de la Agencia, evitando largas esperas y optimizando el proceso de atención.

La cita previa es particularmente relevante durante la campaña anual de la Declaración de la Renta, cuando muchos contribuyentes requieren asistencia para completar y presentar sus declaraciones.

Para obtener una cita previa, los contribuyentes pueden utilizar el portal web de la Agencia Tributaria o su línea telefónica.

Durante la cita, los contribuyentes pueden realizar diversas gestiones, como presentar documentos, aclarar dudas sobre su situación fiscal, o recibir ayuda para completar su declaración de impuestos.

Este sistema es una muestra del compromiso de la Agencia por ofrecer un servicio más eficiente y personalizado.

**Compensación de bases.** La compensación de bases en la Declaración de la Renta en España es un mecanismo que permite a los contribuyentes ajustar sus bases imponibles negativas de años anteriores contra las bases imponibles positivas del año fiscal actual.

Este procedimiento es especialmente relevante para autónomos y empresas, ya que les permite mitigar el impacto fiscal en años de beneficios económicos, compensándolo con pérdidas de ejercicios anteriores.

Las bases imponibles negativas pueden surgir en un año fiscal donde los gastos superan a los ingresos, generando una situación de pérdida. La normativa fiscal permite que estas pérdidas se "transporten" a ejercicios futuros y se compensen con ganancias, reduciendo así la base imponible y el impuesto a pagar. Existen límites y condiciones para la compensación de bases imponibles negativas, establecidos por la legislación tributaria.

Es importante que los contribuyentes mantengan un registro detallado de sus bases imponibles negativas y conozcan las normas aplicables para su correcta aplicación.

Este mecanismo representa una herramienta importante de planificación fiscal, permitiendo una gestión más equilibrada de la carga tributaria a lo largo del tiempo.

**Cuenta ahorro-empresa.** La cuenta ahorro–empresa en España es un instrumento financiero diseñado para fomentar el ahorro de los contribuyentes con el objetivo de invertir en una futura actividad empresarial o profesional.

Los titulares de estas cuentas pueden beneficiarse de ventajas fiscales en el IRPF, como deducciones en la base imponible por las cantidades depositadas. Sin embargo, estas ventajas están sujetas a ciertas condiciones, como la obligación de invertir el capital ahorrado en la apertura o ampliación de una actividad económica dentro de un plazo determinado.

La cuenta ahorro–empresa tiene un límite máximo de aportación anual y un plazo máximo para la realización de la inversión en la actividad empresarial o profesional.

Si el dinero ahorrado no se invierte dentro del plazo establecido o se utiliza para fines distintos, las ventajas fiscales pueden revertirse, implicando la obligación de devolver las deducciones fiscales disfrutadas, con posibles intereses y sanciones.

Este instrumento es una forma de apoyar a emprendedores y pequeños empresarios en el inicio o expansión de sus actividades económicas.

**Cuenta vivienda.** La cuenta vivienda era un producto bancario en España que ofrecía beneficios fiscales a quienes estaban ahorrando para comprar o construir su primera vivienda habitual. Los titulares de estas cuentas podían beneficiarse de deducciones en el IRPF por las cantidades depositadas. Sin embargo, es importante mencionar que este producto fue eliminado del sistema fiscal español, y ya no se ofrecen estas ventajas fiscales para nuevas cuentas vivienda.

Para las cuentas vivienda abiertas antes de la eliminación del beneficio, los titulares debían cumplir ciertos requisitos, como utilizar los fondos para la adquisición o construcción de una vivienda habitual en un plazo determinado. De no cumplirse estas condiciones, las deducciones aplicadas debían ser reintegradas.

Aunque ya no es posible abrir nuevas cuentas vivienda con beneficios fiscales, las ya existentes se rigen por las condiciones vigentes en el momento de su apertura.

**Cuota íntegra.** La cuota íntegra en la Declaración de la Renta en España es el importe total del impuesto que resulta de aplicar el tipo impositivo a la base liquidable. Esta cuantía representa el cálculo inicial del impuesto a pagar antes de aplicar las deducciones y bonificaciones que puedan corresponder al contribuyente.

La cuota íntegra se obtiene después de aplicar la tarifa del impuesto, que es progresiva, a la base liquidable general y del ahorro.

La cuota íntegra es un paso intermedio en el cálculo del impuesto y no refleja el monto final a pagar, ya que después se deben restar las deducciones a las que el contribuyente tenga derecho, como deducciones por maternidad, por inversión en vivienda habitual, por donativos, entre otras. Una vez aplicadas estas deducciones, se obtiene la cuota líquida, que es el monto efectivo del impuesto a pagar. En algunos casos, si las deducciones superan la cuota íntegra, el contribuyente puede tener derecho a una devolución.

La cuota íntegra es un elemento clave en la declaración de impuestos y su comprensión es fundamental para entender la carga fiscal total del contribuyente.

**Cuota líquida.** La cuota líquida en la Declaración de la Renta en España es el importe del impuesto que debe pagar el contribuyente tras aplicar las deducciones y bonificaciones a la cuota íntegra. Esta cuantía refleja el monto final del impuesto sobre la renta que el contribuyente está obligado a pagar o que le será devuelto.

La cuota líquida se obtiene después de restar de la cuota íntegra las deducciones y reducciones aplicables, como deducciones por familia numerosa, por maternidad, por donativos a entidades sin fines de lucro, deducciones autonómicas, entre otras.

Es importante distinguir entre cuota íntegra y cuota líquida: mientras que la cuota íntegra es el resultado de aplicar los tipos impositivos a la base liquidable, la cuota líquida es el resultado final tras aplicar las deducciones.

Esta cuantía es la que realmente determina si el contribuyente debe realizar un pago adicional al Tesoro Público o si, por el contrario, tiene derecho a recibir una devolución.

## D

**Datos fiscales.** Los datos fiscales son la información que la Agencia Tributaria de España posee sobre un contribuyente y que es relevante para la declaración del impuesto sobre la renta.

Estos datos incluyen información sobre los ingresos del contribuyente, retenciones, deducciones aplicables, datos personales y económicos, entre otros. La Agencia Tributaria recopila estos datos a partir de diversas fuentes, como empleadores, bancos, y otras entidades.

Antes de la campaña de la declaración de la renta, la Agencia Tributaria pone a disposición del contribuyente sus datos fiscales, facilitando así la preparación de la declaración.

Los contribuyentes deben revisar cuidadosamente esta información, ya que es la base para la elaboración del borrador de la declaración y puede afectar directamente el cálculo del impuesto.

Es responsabilidad del contribuyente verificar que los datos fiscales sean correctos y completos, y realizar las modificaciones o inclusiones necesarias en su declaración.

**Declaración complementaria.** Una declaración complementaria en España es una declaración de impuestos que se presenta para corregir errores o omisiones en una declaración anterior del mismo periodo fiscal.

Se utiliza cuando el contribuyente detecta que cometió un error o una omisión que resulta en una menor declaración de ingresos o una mayor aplicación de deducciones o bonificaciones de las que le correspondían.

Presentar una declaración complementaria es importante para corregir voluntariamente la situación ante la Agencia Tributaria y evitar posibles sanciones por presentación incorrecta.

Esta declaración puede resultar en un pago adicional de impuestos, junto con intereses de demora, dependiendo del tiempo transcurrido desde la presentación original.

La declaración complementaria es un recurso que demuestra la voluntad del contribuyente de cumplir con sus obligaciones fiscales y corregir errores de forma proactiva.

**Declaración conjunta.** La declaración conjunta en la Declaración de la Renta en España es una opción que permite a los cónyuges presentar una única declaración de impuestos en lugar de hacerlo de manera individual. Esta modalidad puede ser beneficiosa en determinadas situaciones, especialmente cuando uno de los cónyuges tiene ingresos bajos o nulos. Al optar por la declaración conjunta, se suman los ingresos y deducciones de ambos cónyuges y se aplica una reducción en la base imponible, lo que puede resultar en un menor impuesto a pagar.

Es importante que los cónyuges evalúen cuidadosamente si les conviene más la declaración conjunta o individual, ya que la elección afectará el cálculo del impuesto. La decisión debe basarse en el análisis de los ingresos, deducciones y circunstancias personales de ambos. Una vez elegida la modalidad conjunta, ambos cónyuges son solidariamente responsables de la declaración y de cualquier pago o sanción derivados de ella.

**Declaración individual.** La declaración individual es la modalidad estándar de presentación de la Declaración de la Renta en España, donde cada contribuyente declara sus ingresos, deducciones y obligaciones fiscales de manera independiente.

Esta modalidad es obligatoria para quienes no están casados y es una opción para los cónyuges, quienes pueden elegir entre hacer una declaración conjunta o individual. En muchos casos, especialmente cuando ambos cónyuges tienen ingresos similares, la declaración individual puede ser más ventajosa desde el punto de vista fiscal.

La decisión entre presentar una declaración individual o conjunta debe tomarse considerando detenidamente las circunstancias personales y económicas, así como las posibles ventajas fiscales de cada opción.

**Declaración sustitutiva.** Una declaración sustitutiva es un tipo de declaración que se presenta para sustituir una declaración anterior que contenía errores, omisiones o datos incorrectos. A diferencia de la declaración complementaria, que se utiliza para corregir errores que implican un mayor pago de impuestos, la declaración sustitutiva reemplaza completamente la declaración original.

Esta modalidad se utiliza cuando el error en la declaración original no afecta el resultado del impuesto a pagar o cuando conduce a un resultado más favorable para el contribuyente.

Al igual que con la declaración complementaria, es importante presentar la declaración sustitutiva lo antes posible tras detectar el error para evitar posibles sanciones o recargos por parte de la Agencia Tributaria.

La declaración sustitutiva es una herramienta que permite a los contribuyentes corregir sus declaraciones de manera eficiente y asegurar el cumplimiento de sus obligaciones fiscales.

**Deducción autonómica.** Las deducciones autonómicas en la Declaración de la Renta en España son beneficios fiscales que se aplican en el IRPF y que varían según la comunidad autónoma en la que reside el contribuyente.

Estas deducciones son adicionales a las estatales y se diseñan para adaptarse a las particularidades y necesidades de cada región. Pueden incluir deducciones por circunstancias personales y familiares, como ser familia numerosa, por nacimiento o adopción de hijos, por cuidado de personas dependientes, por alquiler de vivienda habitual, entre otros.

Cada comunidad autónoma establece sus propias deducciones, por lo que es importante que los contribuyentes se informen sobre las específicas de su región.

Estas deducciones pueden tener un impacto significativo en la cuota líquida del impuesto a pagar, por lo que aprovecharlas adecuadamente puede suponer un ahorro fiscal considerable.

Los contribuyentes deben revisar anualmente estas deducciones, ya que pueden cambiar en función de las políticas fiscales regionales.

**Deducción por adquisición de vehículos.** La deducción por adquisición de vehículos en la Declaración de la Renta en España se refiere a una posible deducción fiscal aplicable a determinados contribuyentes que adquieran vehículos bajo ciertas condiciones.

Esta deducción no es general y puede estar sujeta a requisitos específicos como la adquisición de vehículos con características ecológicas (como vehículos eléctricos o híbridos) o la utilización del vehículo para fines profesionales o empresariales.

Es importante que los contribuyentes que consideren aplicar esta deducción consulten la normativa vigente y los requisitos específicos que deben cumplir.

En algunos casos, esta deducción puede formar parte de políticas gubernamentales destinadas a fomentar la movilidad sostenible o el emprendimiento.

**Deducción por alquiler.** La deducción por alquiler en la Declaración de la Renta en España permite a los contribuyentes que alquilan su vivienda habitual beneficiarse de una deducción en el IRPF.

La deducción por alquiler es una medida para facilitar el acceso a la vivienda a determinados colectivos, como jóvenes o personas con ingresos bajos.

Esta deducción varía según la comunidad autónoma y puede estar sujeta a condiciones como límites de ingresos, edad del contribuyente o el importe del alquiler.

Para aplicar esta deducción, es esencial contar con un contrato de alquiler formal y cumplir con los requisitos establecidos. Los contribuyentes deben conservar los recibos de alquiler y cualquier otra documentación que pueda ser requerida por la Agencia Tributaria para justificar la deducción.

Es recomendable revisar las condiciones específicas de la deducción por alquiler en la comunidad autónoma correspondiente cada año, ya que estas pueden variar.

**Deducción por ascendientes.** La deducción por ascendientes en la Declaración de la Renta en España es un beneficio fiscal dirigido a contribuyentes que tienen a su cargo ascendientes, como padres o abuelos, que cumplen ciertas condiciones.

Esta deducción se aplica cuando el ascendiente es mayor de una edad determinada (generalmente 65 años o más), vive con el contribuyente y tiene unos ingresos que no superan cierto límite establecido por la ley.

Los requisitos específicos para acceder a esta deducción, como la edad del ascendiente y el límite de ingresos, pueden variar, por lo que es importante revisar la normativa vigente.

Esta deducción puede ser especialmente relevante para familias que conviven con y cuidan de sus mayores, proporcionando un alivio fiscal significativo.

**Deducción por descendientes.** La deducción por descendientes en la Declaración de la Renta en España es una reducción impositiva para contribuyentes con hijos o nietos a su cargo. Esta deducción se aplica en función del número de descendientes y puede incrementarse en casos de familia numerosa, hijos con discapacidad, o en situaciones especiales como la maternidad.

El propósito de esta deducción es ayudar a las familias a afrontar los gastos que implica la crianza y educación de los hijos.

Los límites de ingresos de la familia, la edad de los hijos y otras condiciones pueden influir en la elegibilidad y el monto de la deducción.

Esta medida de política fiscal busca apoyar a las familias y fomentar la natalidad, siendo una ayuda importante para muchos hogares.

**Deducción por doble imposición.** La deducción por doble imposición en la Declaración de la Renta en España permite a los contribuyentes reducir su carga fiscal cuando han pagado impuestos por los mismos ingresos en otro país.

Esta deducción es relevante para personas que tienen ingresos procedentes del extranjero, como dividendos, intereses, rentas o ganancias patrimoniales, y que han sido gravados tanto en España como en el país de origen de dichos ingresos.

El objetivo de esta deducción es evitar la doble tributación, es decir, pagar impuestos dos veces por el mismo concepto en diferentes jurisdicciones.

La deducción por doble imposición se calcula en función de los impuestos pagados en el extranjero y está sujeta a ciertos límites y condiciones establecidos por la normativa fiscal.

Para aplicar esta deducción, es necesario presentar documentación que acredite los impuestos pagados en el otro país. Esta deducción contribuye a la equidad fiscal y facilita la movilidad internacional de trabajadores y capitales.

**Deducción por donativos.** La deducción por donativos en la Declaración de la Renta en España es un incentivo fiscal para los contribuyentes que realizan donaciones a entidades sin fines de lucro, ONG, fundaciones, y otras organizaciones calificadas como beneficiarias del mecenazgo.

Esta deducción permite reducir la base imponible del IRPF en función de la cantidad donada. Los porcentajes de deducción y los límites máximos dependen de la naturaleza de la entidad beneficiaria y de la cantidad donada. Para aplicar esta deducción, es necesario que el contribuyente cuente con un certificado emitido por la entidad receptora del donativo, que acredite la donación realizada.

Esta medida fiscal busca fomentar el apoyo privado a actividades de interés general, como la asistencia social, la cultura, la investigación científica y el deporte, entre otros.

Es una forma de reconocer y estimular la solidaridad y la participación ciudadana en la financiación de estas actividades.

**Deducción por educación.** La deducción por educación en la Declaración de la Renta en España puede incluir gastos relacionados con la educación formal de los hijos o del propio contribuyente.

Dependiendo de la comunidad autónoma, estos gastos pueden abarcar matrículas, compra de libros y material escolar, uniformes, transporte escolar, entre otros.

Es importante destacar que a nivel estatal no existen deducciones generales por educación en el IRPF, pero varias comunidades autónomas han establecido sus propias deducciones para apoyar a las familias con hijos en edad escolar.

Los contribuyentes deben informarse sobre las deducciones específicas disponibles en su comunidad autónoma y los requisitos para su aplicación, como límites de ingresos y tipos de gastos educativos elegibles.

**Deducción por familia numerosa.** La deducción por familia numerosa en España es una medida fiscal destinada a apoyar a las familias con tres o más hijos, o en ciertos casos con dos hijos si se trata de una familia monoparental o con circunstancias especiales. Esta deducción busca aliviar la carga fiscal de las familias numerosas, reconociendo los mayores gastos que estas enfrentan.

La deducción se aplica en el IRPF y puede variar según el número de hijos y las condiciones específicas de la familia. En algunos casos, la deducción también es aplicable a familias con hijos con discapacidad.

Esta medida forma parte de las políticas sociales y fiscales del gobierno para promover la protección y el bienestar de las familias numerosas, contribuyendo a mitigar los costes económicos asociados a la crianza y educación de varios hijos.

**Deducción por gastos de guardería.** La deducción por gastos de guardería en la Declaración de la Renta en España es un beneficio fiscal destinado a las familias con hijos pequeños que asisten a centros de educación infantil.

Esta deducción permite a los padres reducir su base imponible en el IRPF por los gastos incurridos en el cuidado de sus hijos en guarderías o centros autorizados.

El objetivo de esta deducción es ayudar a las familias a afrontar los costes de conciliación de la vida laboral y familiar, especialmente en el caso de familias con ambos padres trabajando.

Para aplicar esta deducción, los gastos deben ser por servicios de preescolar, cuidado y atención a la primera infancia. Es importante conservar los recibos y facturas que acrediten los gastos realizados en este concepto.

Los límites y condiciones para aplicar la deducción pueden variar, por lo que se recomienda revisar la normativa vigente y las especificaciones de cada comunidad autónoma.

## Deducción por inversión en nuevas empresas.

La deducción por inversión en nuevas empresas en la Declaración de la Renta en España es un incentivo fiscal que busca fomentar el apoyo financiero a empresas de reciente creación.

Los contribuyentes que invierten en el capital inicial o en ampliaciones de capital de empresas nuevas o de pequeña dimensión pueden beneficiarse de una deducción en su base imponible en el IRPF. Esta deducción está sujeta a una serie de condiciones, como un periodo mínimo de mantenimiento de la inversión y límites en la cantidad invertida.

El propósito es estimular la inversión privada en el tejido empresarial, especialmente en *start-up* y empresas innovadoras. Esta medida busca contribuir al desarrollo económico y a la creación de empleo, ofreciendo a su vez una ventaja fiscal a los inversores.

**Deducción por inversión en vivienda habitual.**
La deducción por inversión en vivienda habitual en España era un beneficio fiscal para aquellos contribuyentes que adquirían, construían o realizaban mejoras en su vivienda habitual, permitiendo deducir un porcentaje de las cantidades invertidas de la base imponible del IRPF.

Sin embargo, esta deducción fue eliminada para las adquisiciones realizadas a partir de 1 de enero de 2013. Los contribuyentes que adquirieron su vivienda habitual o realizaron el pago de cantidades para su construcción antes de esta fecha todavía pueden aplicar la deducción según las condiciones previas.

Esta medida era parte de las políticas de fomento a la propiedad de vivienda y ofrecía un estímulo fiscal significativo para la adquisición de vivienda.

Los contribuyentes que aún se acogen a esta deducción deben cumplir con los requisitos establecidos en la normativa vigente al momento de la adquisición o inicio de la construcción.

**Deducción por maternidad.** La deducción por maternidad en la Declaración de la Renta en España es un beneficio fiscal dirigido a madres trabajadoras con hijos menores de tres años.

Esta deducción permite reducir la cuota íntegra del IRPF hasta un máximo anual establecido por cada hijo menor de tres años.

El propósito es apoyar económicamente a las madres trabajadoras, reconociendo los costes adicionales asociados con el cuidado de los hijos pequeños.

Para acceder a esta deducción, la madre debe estar dada de alta en la Seguridad Social o en una mutualidad y realizar una actividad por cuenta propia o ajena por la que perciba ingresos sujetos a cotización.

La deducción por maternidad es compatible con otras ayudas y beneficios para familias con hijos, y su importe puede variar en función de la legislación vigente.

**Deducción por movilidad geográfica.** La deducción por movilidad geográfica en España está destinada a los contribuyentes que cambian su residencia por motivos laborales. Esta deducción está pensada para compensar los gastos que implica el traslado a un nuevo lugar de residencia debido a la obtención de un empleo.

Para ser elegible, el nuevo trabajo debe implicar un cambio de residencia y, en algunos casos, debe ser el primer empleo o un empleo obtenido tras un período de desempleo.

Esta deducción busca incentivar la movilidad laboral y facilitar la incorporación o reincorporación al mercado de trabajo.

Los requisitos específicos y el importe de la deducción pueden variar, por lo que es recomendable revisar la normativa aplicable y las condiciones exactas para su aplicación.

**Deducciones.** En la Declaración de la Renta en España, las deducciones son descuentos que se aplican a la base imponible o a la cuota íntegra del IRPF y que tienen como objetivo reducir la carga fiscal del contribuyente.

Existen varios tipos de deducciones: estatales, autonómicas, por circunstancias personales y familiares, por inversiones realizadas, entre otras.

Las deducciones estatales son aplicables a todos los contribuyentes a nivel nacional y se relacionan con situaciones como la maternidad, la inversión en vivienda habitual (bajo ciertas condiciones), donativos, y aportaciones a planes de pensiones.

Las deducciones autonómicas varían según la comunidad autónoma y están diseñadas para atender las necesidades específicas de cada región. Las deducciones personales y familiares se aplican en función de la situación particular del contribuyente, como la existencia de hijos, ascendientes a cargo, discapacidad, entre otros.

Es importante que los contribuyentes revisen y se informen sobre las deducciones a las que tienen derecho, ya que pueden significar un ahorro fiscal considerable.

Cada deducción tiene requisitos específicos y límites, por lo que es crucial cumplir con la normativa vigente y proporcionar la documentación necesaria para su aplicación.

**Deuda tributaria.** La deuda tributaria en la Declaración de la Renta en España se refiere al monto total que un contribuyente debe pagar al Estado en concepto de impuestos.

Esta deuda se genera tras calcular el impuesto debido en base a los ingresos y deducciones del contribuyente, y puede incluir varios componentes como la cuota íntegra del impuesto, menos las deducciones y bonificaciones aplicables, más cualquier recargo o interés de demora en caso de pagos atrasados.

La deuda tributaria es el resultado final de la declaración de impuestos y representa la obligación económica del contribuyente con la Hacienda Pública. Si la cantidad retenida o pagada a cuenta durante el año es menor que la deuda tributaria calculada, el contribuyente debe pagar la diferencia. En caso contrario, si las retenciones o pagos a cuenta superan la deuda tributaria, se produce un saldo a favor del contribuyente, que puede resultar en una devolución.

**Devolución de ingresos indebidos.** La devolución de ingresos indebidos se produce cuando la Agencia Tributaria de España reembolsa a los contribuyentes las cantidades pagadas en exceso o erróneamente en sus impuestos. Esto puede suceder por diversos motivos, como errores en la declaración, aplicación incorrecta de deducciones o retenciones excesivas.

Para solicitar la devolución de ingresos indebidos, el contribuyente debe presentar una reclamación especificando el motivo y aportando la documentación necesaria que justifique la solicitud. La Agencia Tributaria revisará la reclamación y, si procede, realizará la devolución correspondiente, que puede incluir intereses de demora. Este procedimiento garantiza los derechos del contribuyente frente a posibles errores o cobros excesivos por parte de la administración fiscal.

**Dividendos.** Los dividendos son la parte de los beneficios de una empresa que se distribuyen entre sus accionistas. En la Declaración de la Renta en España, los dividendos recibidos por un contribuyente se consideran como rendimientos del capital mobiliario y, por tanto, están sujetos a tributación.

La fiscalidad de los dividendos implica que se deben incluir en la declaración del IRPF y tributan según la base imponible del ahorro.

Los dividendos suelen estar sujetos a una retención a cuenta del impuesto por parte de la entidad pagadora antes de su distribución al accionista. Esta retención se considera un pago a cuenta del impuesto final que debe pagar el contribuyente.

La tributación de los dividendos busca asegurar que los beneficios distribuidos por las empresas contribuyan al sostenimiento de las cargas públicas según la capacidad económica de los accionistas.

**Domiciliación bancaria.** La domiciliación bancaria en el contexto de la Declaración de la Renta en España se refiere a la autorización que un contribuyente otorga para que los pagos de sus impuestos se realicen automáticamente desde su cuenta bancaria.

Este método facilita el cumplimiento de las obligaciones fiscales, asegurando que los pagos sean puntuales y evitando posibles recargos o sanciones por retrasos.

Al optar por la domiciliación bancaria, el importe correspondiente a la deuda tributaria se carga directamente en la cuenta bancaria del contribuyente en las fechas establecidas por la Agencia Tributaria. Este servicio es especialmente útil para pagos fraccionados o para aquellos contribuyentes que tienen que realizar pagos regulares, como autónomos o empresas.

Para utilizar este servicio, el contribuyente debe proporcionar los datos de su cuenta bancaria y autorizar a la Agencia Tributaria a realizar los cargos correspondientes.

**Domicilio fiscal.** El domicilio fiscal de un contribuyente en España es la dirección que consta en la Agencia Tributaria para efectos de notificaciones y gestiones tributarias. Este domicilio es importante porque es el lugar donde se presume que el contribuyente recibe las comunicaciones relativas a sus obligaciones fiscales.

Para las personas físicas, suele coincidir con su residencia habitual, mientras que, para las empresas, es la ubicación de su sede social o del lugar de gestión administrativa.

El domicilio fiscal tiene relevancia legal, ya que determina la administración tributaria competente para la gestión de los impuestos del contribuyente y puede influir en la aplicación de ciertas normativas y deducciones autonómicas.

Es responsabilidad del contribuyente mantener actualizado su domicilio fiscal en los registros de la Agencia Tributaria para garantizar una correcta comunicación y evitar posibles inconvenientes o sanciones por notificaciones no recibidas.

# E

**Errores en la declaración.** Los errores en la declaración de la renta pueden ser comunes y pueden incluir desde datos incompletos o incorrectos hasta cálculos erróneos de los impuestos.

Estos errores pueden ser detectados por el contribuyente o por la Agencia Tributaria. Si un contribuyente identifica un error en su declaración ya presentada, tiene la opción de corregirlo mediante una declaración complementaria o sustitutiva, según corresponda.

Una declaración complementaria se utiliza cuando el error resulta en más impuestos a pagar, mientras que una declaración sustitutiva reemplaza completamente la declaración original en caso de errores que no afectan el resultado tributario.

Es importante corregir los errores lo antes posible para evitar sanciones y recargos. Si es la Agencia Tributaria quien detecta los errores, puede requerir al contribuyente que los corrija, pudiendo imponer sanciones dependiendo de la naturaleza del error y si se considera que ha habido una intención de defraudar.

**Escala de gravamen.** La escala de gravamen en la Declaración de la Renta en España es una tabla que establece los porcentajes de impuestos aplicables a los distintos tramos de la base liquidable del contribuyente.

Esta escala es progresiva, lo que significa que a medida que los ingresos del contribuyente aumentan, también lo hace el porcentaje del impuesto aplicable.

La escala de gravamen se divide en tramos, y cada tramo de ingreso se grava a un tipo impositivo diferente, siendo mayor para los tramos de ingresos más altos.

En el IRPF, existen dos escalas de gravamen: una para la base liquidable general (que incluye la mayoría de los ingresos, como los del trabajo y actividades económicas) y otra para la base liquidable del ahorro (que incluye ingresos del capital mobiliario y ganancias patrimoniales).

La aplicación de esta escala tiene como objetivo asegurar un sistema tributario más justo y equitativo, donde los contribuyentes con mayores ingresos contribuyen proporcionalmente más al sostenimiento de las cargas públicas.

**Estimación directa.** La estimación directa es un método de determinación de la base imponible en el IRPF para los trabajadores autónomos y profesionales en España.

Este método se basa en la diferencia entre los ingresos y los gastos deducibles efectivamente incurridos en el desarrollo de la actividad económica.

Existen dos modalidades: la estimación directa normal y la estimación directa simplificada.

En la estimación directa normal, el contribuyente debe llevar una contabilidad completa que permita determinar el rendimiento neto de su actividad. En cambio, la estimación directa simplificada es aplicable a actividades con menores niveles de ingresos y simplifica la contabilidad y los cálculos necesarios. La elección entre una u otra modalidad depende de ciertos requisitos, como el volumen de ingresos y la naturaleza de la actividad.

**Estimación objetiva.** La estimación objetiva, también conocida como sistema de módulos, es un régimen simplificado de determinación de la base imponible para ciertos autónomos y pequeños empresarios en España. Este sistema calcula el rendimiento neto de la actividad económica mediante la aplicación de indicadores objetivos o módulos, como metros cuadrados del local, número de empleados o cantidad de energía consumida.

La estimación objetiva está pensada para simplificar las obligaciones contables y fiscales de pequeñas empresas y autónomos en actividades donde es difícil determinar el ingreso real.

El sistema de módulos establece un rendimiento neto predeterminado, evitando la necesidad de llevar una contabilidad detallada de ingresos y gastos. Sin embargo, solo es aplicable a actividades que cumplan ciertos requisitos y que no superen determinados umbrales de ingresos y gastos.

**Exenciones.** Las exenciones en el ámbito tributario de la Declaración de la Renta en España son situaciones en las que ciertos tipos de ingresos o contribuyentes están liberados de pagar impuestos.

Estas exenciones pueden aplicarse a determinados rendimientos, ganancias patrimoniales, o bajo ciertas circunstancias personales.

Por ejemplo, existen exenciones para pensiones por incapacidad, premios de ciertos concursos y sorteos, y beneficios obtenidos de la venta de la vivienda habitual por contribuyentes mayores de cierta edad.

Las exenciones tienen como finalidad no gravar ingresos que, por su naturaleza o por la situación personal del contribuyente, se consideran que no deben contribuir a la carga fiscal.

Es importante conocer estas exenciones, ya que pueden reducir significativamente la obligación tributaria y son un elemento clave en la planificación fiscal.

# F

**Fiscalidad de los ahorros.** La fiscalidad de los ahorros en España se refiere a cómo se gravan los rendimientos del capital mobiliario y las ganancias patrimoniales en el IRPF.

Los rendimientos del capital mobiliario incluyen intereses de cuentas bancarias, dividendos de acciones, y rendimientos de otros productos financieros.

Las ganancias patrimoniales, por otro lado, se generan por la venta o transferencia de activos como inmuebles, acciones, o fondos de inversión.

Estos ingresos se integran en la base liquidable del ahorro y se gravan según una escala específica, que generalmente tiene tipos impositivos más bajos que la base liquidable general.

La tributación de los ahorros busca equilibrar la necesidad de gravar los ingresos financieros con la promoción del ahorro y la inversión entre los ciudadanos.

**Fondo de inversión.** Un fondo de inversión en España es un instrumento financiero que reúne capital de varios inversores para invertir en una diversificada cartera de activos, como acciones, bonos, y otros instrumentos financieros.

La fiscalidad de los fondos de inversión es una consideración importante para los inversores.

Las ganancias generadas por un fondo de inversión se consideran ganancias patrimoniales y están sujetas a tributación en el momento de la venta o reembolso de las participaciones del fondo.

Una característica clave de la fiscalidad de los fondos de inversión en España es el diferimiento fiscal.

Los inversores no pagan impuestos sobre las ganancias obtenidas hasta que no se reembolsen las participaciones, permitiendo que el capital siga creciendo sin la carga fiscal anual.

Además, la reinversión de ganancias en otros fondos de inversión no tributa hasta que se realice el reembolso final, lo que favorece la movilidad y la gestión activa de las inversiones.

# G

**Ganancia patrimonial.** La ganancia patrimonial en la Declaración de la Renta en España se refiere al beneficio que obtiene un contribuyente al vender o transferir un bien o derecho por un precio superior al que costó.

Estas ganancias se generan en operaciones como la venta de inmuebles, acciones, fondos de inversión, u otros activos.

La ganancia se calcula como la diferencia entre el valor de transmisión (venta) y el valor de adquisición (compra), ajustada por posibles gastos y tributos asociados a la operación.

Las ganancias patrimoniales se integran en la base liquidable del ahorro del IRPF y están sujetas a tributación.

Existen ciertas exenciones y reducciones aplicables en casos específicos, como la venta de la vivienda habitual para contribuyentes de cierta edad o la reinversión de la ganancia en la compra de otra vivienda habitual.

La tributación de estas ganancias busca gravar los beneficios obtenidos por la gestión del patrimonio personal.

**Ganancias y pérdidas patrimoniales.** Las ganancias y pérdidas patrimoniales en la Declaración de la Renta abarcan tanto los beneficios como las pérdidas que los contribuyentes experimentan al vender, transferir o modificar sus bienes y derechos.

Mientras que las ganancias patrimoniales implican un beneficio económico, las pérdidas patrimoniales ocurren cuando la venta o transferencia de un bien o derecho se realiza por un valor inferior al de adquisición.

Ambas, ganancias y pérdidas, deben ser declaradas en el IRPF y se integran en la base liquidable del ahorro.

En ciertos casos, las pérdidas patrimoniales pueden compensar las ganancias en el mismo ejercicio fiscal o en los siguientes, mitigando así el impacto fiscal de las operaciones no rentables.

Este sistema busca reflejar de manera equitativa tanto los aumentos como las disminuciones en el patrimonio de los contribuyentes.

## IAE (Impuesto sobre Actividades Económicas).

El Impuesto sobre Actividades Económicas (IAE) en España es un tributo directo y real que grava el ejercicio de actividades empresariales, profesionales o artísticas, independientemente del lugar y del resultado de la actividad. Este impuesto es de carácter municipal y se paga anualmente.

El IAE clasifica las actividades económicas en diferentes epígrafes y establece una cuota tributaria según la naturaleza y el tamaño de la actividad. Existen exenciones para pequeños empresarios y autónomos cuyo volumen de operaciones no supere cierto límite.

El IAE es independiente del IRPF o del Impuesto sobre Sociedades; es decir, se paga además de estos impuestos y no se deduce de ellos.

El IAE sirve como una forma de registro y control de las actividades económicas y es un requisito para ciertas gestiones empresariales y fiscales.

Su pago y gestión son importantes para el cumplimiento de las obligaciones tributarias de empresas y profesionales.

**Impuesto autonómico.** Los impuestos autonómicos en España son aquellos tributos gestionados y recaudados por las comunidades autónomas. Cada comunidad autónoma tiene la capacidad de establecer y regular ciertos impuestos dentro de su territorio, lo que les permite adaptar la carga fiscal a las necesidades y características específicas de su región.

Ejemplos de impuestos autonómicos incluyen el Impuesto sobre Transmisiones Patrimoniales y Actos Jurídicos Documentados, el Impuesto sobre Sucesiones y Donaciones, y algunos tributos medioambientales.

Las comunidades autónomas también pueden regular y modificar parcialmente algunos aspectos de los impuestos estatales, como el IRPF, mediante la aplicación de deducciones autonómicas y la fijación de los tramos y tipos impositivos aplicables a la base liquidable del impuesto.

**Impuesto estatal.** Los impuestos estatales en España son aquellos tributos cuya gestión y recaudación corresponden al Estado central. Estos impuestos son uniformes en todo el territorio nacional y su normativa es establecida por el gobierno central.

Ejemplos de impuestos estatales incluyen el Impuesto sobre la Renta de las Personas Físicas (IRPF), el Impuesto sobre Sociedades, el Impuesto sobre el Valor Añadido (IVA) y los impuestos especiales (como los que gravan los combustibles, el alcohol o el tabaco).

Estos impuestos son fundamentales para financiar las actividades del Estado y proporcionar servicios públicos esenciales a nivel nacional.

**Imputación de rentas.** La imputación de rentas es un concepto en la legislación fiscal española que se refiere a la atribución de ingresos a un contribuyente, aunque estos no hayan sido percibidos de forma directa. Esto ocurre en situaciones específicas, donde la ley presume que el contribuyente obtiene una renta y, por tanto, debe incluirla en su declaración de impuestos. Un ejemplo común de imputación de rentas es en el caso de la propiedad inmobiliaria: los propietarios deben incluir en su declaración del IRPF una renta imputada por viviendas que no son su residencia habitual y que no están alquiladas.

La imputación de rentas pretende gravar situaciones donde el contribuyente obtiene un beneficio económico indirecto, asegurando así un tratamiento fiscal justo y equitativo.

**Inmuebles rústicos.** Los inmuebles rústicos en España se refieren a propiedades situadas en el campo o en zonas no urbanizadas, destinadas generalmente a usos agrícolas, ganaderos, forestales o similares.

Desde el punto de vista fiscal, los inmuebles rústicos tienen un tratamiento específico en impuestos como el Impuesto sobre Bienes Inmuebles (IBI), el Impuesto sobre el Patrimonio, el Impuesto sobre Sucesiones y Donaciones, y en el IRPF en el caso de rentas generadas o imputaciones de rentas.

En el IRPF, los propietarios de inmuebles rústicos pueden tener que declarar ingresos por actividades agrícolas desarrolladas en ellos o, si no están siendo explotados, pueden estar sujetos a una imputación de rentas inmobiliarias.

El valor catastral de los inmuebles rústicos, que suele ser inferior al de los urbanos, es la base para el cálculo de algunos de estos impuestos.

**Inmuebles urbanos.** Los inmuebles urbanos en España son propiedades localizadas en zonas urbanizadas, como viviendas, locales comerciales, oficinas o edificios. Estos inmuebles están sujetos a varios impuestos, como el IBI, el Impuesto sobre Transmisiones Patrimoniales y Actos Jurídicos Documentados en caso de compra-venta, y el Impuesto sobre el Patrimonio. En el IRPF, los propietarios de inmuebles urbanos deben declarar cualquier renta generada por el alquiler de dichas propiedades. En caso de que los inmuebles urbanos no generen rentas y no sean la vivienda habitual del propietario, se realiza una imputación de rentas inmobiliarias basada en el valor catastral del inmueble.

La fiscalidad de los inmuebles urbanos es una parte importante de la tributación en España, dada la relevancia del sector inmobiliario en la economía del país.

**Inspección tributaria.** La inspección tributaria en España es un procedimiento llevado a cabo por la Agencia Tributaria para verificar y controlar el correcto cumplimiento de las obligaciones fiscales por parte de los contribuyentes.

Durante una inspección, los inspectores revisan la contabilidad, los registros y otros documentos del contribuyente para asegurarse de que todas las declaraciones de impuestos sean correctas y completas. El proceso puede iniciarse por varios motivos, como discrepancias detectadas en las declaraciones, actuaciones aleatorias dentro de planes de control fiscal, o por denuncias.

Una inspección tributaria puede resultar en la regularización de la situación fiscal del contribuyente, con la correspondiente liquidación de los impuestos adeudados, intereses de demora y, en su caso, sanciones.

Las inspecciones son una herramienta clave en la lucha contra el fraude fiscal y para garantizar la equidad en el sistema tributario.

**Intereses.** En el ámbito fiscal, los intereses se refieren generalmente a dos conceptos distintos: los intereses generados por productos financieros y los intereses derivados de obligaciones tributarias.

- **Intereses generados por productos financieros.** Son los rendimientos obtenidos por el dinero invertido en diferentes productos como cuentas de ahorro, depósitos bancarios, bonos u otros valores. Estos intereses son considerados rendimientos del capital mobiliario y deben ser declarados en el IRPF. Están sujetos a retención y se integran en la base imponible del ahorro, tributando según la escala de gravamen aplicable a dicha base.

- **Intereses derivados de obligaciones tributarias.** Se refieren a los intereses de demora que un contribuyente debe pagar cuando tiene deudas tributarias pendientes con la Administración. Estos intereses se calculan sobre la cantidad adeudada y se aplican desde el día siguiente al vencimiento del plazo de pago hasta el momento en que se efectúa el pago.

**IRPF (Impuesto sobre la Renta de las Personas Físicas).** El IRPF es un impuesto directo y personal que grava la renta obtenida en un año por las personas físicas residentes en España.

Este impuesto se aplica sobre distintos tipos de renta como los rendimientos del trabajo, del capital, de actividades económicas, y ganancias y pérdidas patrimoniales. El IRPF es progresivo, lo que significa que a medida que aumentan los ingresos, aumenta el tipo impositivo aplicable.

La declaración de este impuesto se realiza anualmente, y los contribuyentes pueden aplicar diversas deducciones y reducciones según su situación personal y familiar.

# L

**Liquidación.** En términos fiscales, la liquidación se refiere al proceso de calcular el importe exacto que un contribuyente debe pagar a la Administración Tributaria o que esta le debe devolver. En el caso del IRPF, la liquidación implica determinar la cuota íntegra (aplicando la escala de gravamen a la base liquidable), y luego restar las retenciones practicadas, las deducciones y bonificaciones aplicables. Si el resultado es positivo, el contribuyente debe pagar esa cantidad; si es negativo, tiene derecho a una devolución.

La liquidación puede ser realizada por el contribuyente al presentar su declaración de impuestos o por la Administración Tributaria al revisarla.

# M

**Mínimo personal y familiar.** El mínimo personal y familiar es un concepto del Impuesto sobre la Renta de las Personas Físicas (IRPF) en España que se refiere a la cantidad mínima de ingresos que no está sujeta a tributación, considerando la situación personal y familiar del contribuyente. Este mínimo se establece para garantizar que los contribuyentes con menores ingresos o mayores responsabilidades familiares tengan una menor carga fiscal.

El mínimo personal es una cantidad fija que se aplica a todos los contribuyentes, mientras que el mínimo familiar varía según las circunstancias particulares de cada uno, como el número de hijos, la edad, si hay ascendientes a cargo, y la existencia de situaciones de discapacidad en la familia. Estos mínimos reducen la base imponible del IRPF, lo que puede disminuir la cantidad de impuesto a pagar o aumentar la devolución de impuestos.

**Minusvalías.** Las minusvalías en el contexto de la Declaración de la Renta en España se refieren a las pérdidas patrimoniales que un contribuyente puede sufrir al vender o transferir un bien por un precio inferior al que fue adquirido. Estas pérdidas se pueden producir en distintas operaciones, como la venta de acciones, inmuebles u otros activos. Las minusvalías se pueden compensar con ganancias patrimoniales obtenidas en el mismo ejercicio fiscal o en los cuatro años siguientes, lo que permite reducir la carga fiscal asociada a las ganancias.

**Modelo 100.** El Modelo 100 es el formulario oficial utilizado para presentar la Declaración de la Renta del IRPF en España. Este modelo se debe completar y presentar anualmente por los contribuyentes para declarar sus ingresos, deducciones y calcular el impuesto correspondiente al año fiscal anterior. El Modelo 100 puede presentarse de manera electrónica a través del sistema de la Agencia Tributaria, lo que facilita el proceso de declaración mediante el uso de datos fiscales prellenados y la posibilidad de recibir cálculos automáticos de la declaración. También ofrece opciones para modificar y confirmar los datos, realizar el pago del impuesto o solicitar devoluciones.

**Módulos.** El régimen de módulos, también conocido como estimación objetiva, es un sistema simplificado para calcular la base imponible del Impuesto sobre la Renta de las Personas Físicas (IRPF) y del Impuesto sobre el Valor Añadido (IVA) en España. Este sistema está dirigido principalmente a pequeños empresarios y profesionales, y su característica principal es la utilización de indicadores objetivos (los módulos) para determinar los ingresos y gastos deducibles del contribuyente. Los módulos pueden incluir parámetros como la superficie del local, número de empleados, consumo de energía, tipo de actividad, entre otros.

El objetivo del régimen de módulos es simplificar las obligaciones fiscales, reduciendo la carga administrativa y contable, especialmente para negocios de menor tamaño.

La tributación mediante módulos permite al contribuyente conocer de antemano el importe aproximado de sus obligaciones fiscales.

Cabe señalar que no todos los autónomos o pequeñas empresas pueden acogerse a este régimen, ya que existen límites de facturación, de personal contratado y otros requisitos que deben cumplirse. Además, este sistema puede no ser beneficioso para negocios con bajos costes operativos o altas deducciones fiscales, ya que el cálculo de los módulos no considera la situación financiera real de la empresa o actividad profesional.

# N

**NIF (Número de Identificación Fiscal).** El Número de Identificación Fiscal (NIF) en España es un código alfanumérico que sirve como identificador fiscal de las personas físicas y jurídicas en sus relaciones con la Administración Tributaria.

Para las personas físicas españolas, el NIF suele coincidir con su número de DNI (Documento Nacional de Identidad), mientras que para los extranjeros residentes en España, se asigna un Número de Identidad de Extranjero (NIE).

En el caso de las personas jurídicas y otras entidades sin personalidad jurídica, el NIF se asigna en el momento de su constitución o registro.

El NIF es fundamental para realizar cualquier tipo de actividad económica o trámite administrativo que tenga implicaciones fiscales, como la presentación de declaraciones de impuestos, la emisión o recepción de facturas, la apertura de cuentas bancarias, y la formalización de contratos. Este identificador es único para cada contribuyente y permite a la Agencia Tributaria controlar y gestionar sus obligaciones y derechos fiscales.

La obtención y uso del NIF es un requisito esencial para garantizar la correcta identificación de los contribuyentes y el cumplimiento de las normativas fiscales.

**No Residentes.** En el ámbito fiscal español, los no residentes se refieren a personas físicas o jurídicas que no tienen su residencia habitual en España pero que realizan actividades económicas o poseen bienes en el país, sujetos a tributación.

Para estos contribuyentes, se aplica el Impuesto sobre la Renta de No Residentes (IRNR), que grava los ingresos obtenidos en territorio español, como los rendimientos de trabajo realizados en España, ingresos de propiedades inmobiliarias ubicadas en España, ganancias patrimoniales derivadas de bienes situados en España, y dividendos o intereses de fuentes españolas.

La tributación de los no residentes varía según el tipo de ingreso y las disposiciones de los tratados de doble imposición que España puede tener con otros países, destinados a evitar la doble tributación de estos ingresos.

Los no residentes deben declarar sus ingresos en España a través de modelos específicos y pueden estar sujetos a retenciones a cuenta del impuesto. Es importante que los no residentes que obtienen ingresos en España se informen adecuadamente sobre sus obligaciones fiscales para cumplir con la legislación vigente y evitar sanciones. Además, deben considerar las normativas fiscales de sus países de residencia para entender completamente las implicaciones fiscales de sus actividades económicas o inversiones en España.

**Notificación electrónica.** La notificación electrónica en el ámbito tributario de España es un sistema que permite a la Agencia Tributaria comunicarse con los contribuyentes de manera digital. Este sistema es parte del esfuerzo por modernizar la administración y facilitar una comunicación más rápida y eficiente.

Las notificaciones electrónicas se realizan a través de la Dirección Electrónica Habilitada (DEH) o mediante el sistema de notificaciones en la sede electrónica de la Agencia Tributaria. Los contribuyentes, especialmente las empresas y los autónomos, están obligados o pueden optar voluntariamente por recibir notificaciones electrónicas en lugar de las tradicionales en papel.

Estas notificaciones pueden incluir requerimientos, liquidaciones, resoluciones de recursos, y cualquier otra comunicación oficial relacionada con sus obligaciones fiscales.

Recibir notificaciones electrónicas implica la responsabilidad de revisar periódicamente la plataforma digital para estar al tanto de cualquier comunicación de la Agencia Tributaria, ya que se consideran notificadas una vez son puestas a disposición en el sistema electrónico, incluso si no son consultadas inmediatamente por el contribuyente.

# P

**Pagos a cuenta.** Los pagos a cuenta en España son anticipos del impuesto final que los contribuyentes deben pagar. Estos pagos se realizan durante el año fiscal y se basan en las obligaciones tributarias estimadas del contribuyente.

En el caso del IRPF, por ejemplo, los pagos a cuenta incluyen las retenciones del salario de los trabajadores por parte de los empleadores y los pagos fraccionados para autónomos y profesionales.

En el caso del Impuesto sobre Sociedades, las empresas realizan pagos fraccionados basados en los beneficios del año en curso o del año anterior.

Los pagos a cuenta son importantes para el sistema tributario, ya que permiten una recaudación más fluida y continua de los ingresos fiscales, evitando que los contribuyentes enfrenten una carga tributaria excesiva al final del año fiscal. Además, ayudan a prevenir el riesgo de incumplimiento tributario al distribuir la obligación fiscal a lo largo del año.

**Patrimonio neto.** El patrimonio neto, en términos fiscales y contables, se refiere a la diferencia entre el valor total de los activos de una persona o empresa y el total de sus pasivos. En otras palabras, es lo que queda después de restar todas las deudas y obligaciones de los bienes y derechos que posee.

Para los individuos, el patrimonio neto incluye bienes como inmuebles, cuentas bancarias, inversiones, vehículos y otros activos, menos cualquier deuda como hipotecas, préstamos personales o créditos.

En el caso de las empresas, el patrimonio neto se compone de elementos como el capital social, reservas, beneficios no distribuidos y fondos propios, menos las deudas y obligaciones.

El patrimonio neto es un indicador clave de la solidez financiera de una persona o empresa y puede ser relevante para determinados impuestos, como el Impuesto sobre el Patrimonio, que grava el valor neto de los bienes y derechos de una persona, sujeto a ciertos límites y exenciones.

En la planificación financiera y fiscal, conocer y gestionar el patrimonio neto es esencial para optimizar la carga tributaria y planificar el futuro económico.

**Período impositivo.** El período impositivo en la normativa fiscal española se refiere al tiempo durante el cual se acumulan los ingresos y gastos que serán objeto de tributación.

En el caso del Impuesto sobre la Renta de las Personas Físicas (IRPF), el período impositivo coincide generalmente con el año natural, es decir, del 1 de enero al 31 de diciembre. Durante este período, el contribuyente genera ingresos y realiza gastos que posteriormente declara en su Declaración de la Renta.

El conocimiento del período impositivo es esencial para una correcta planificación fiscal, ya que determina cuándo se deben reportar los ingresos y gastos y calcular los impuestos correspondientes.

Al final de cada período impositivo, los contribuyentes deben reunir toda la información relevante sobre sus ingresos y gastos para preparar y presentar su declaración de impuestos, considerando las posibles deducciones y bonificaciones aplicables.

**Planes de pensiones.** Los planes de pensiones en España son productos de ahorro a largo plazo destinados a complementar las pensiones públicas en la jubilación. Estos planes permiten a los individuos realizar aportaciones periódicas que se invierten en diferentes activos financieros, acumulando un capital que se recupera en la jubilación, bien en forma de capital, renta, o una combinación de ambos.

Desde el punto de vista fiscal, las aportaciones a los planes de pensiones reducen la base imponible del IRPF, hasta un límite anual establecido por la ley. Esto significa que los contribuyentes pueden beneficiarse de un ahorro fiscal en el momento de la aportación.

Sin embargo, las prestaciones recibidas en el momento de la jubilación se consideran rendimientos del trabajo y están sujetas a tributación. Por lo tanto, los planes de pensiones representan un mecanismo de diferimiento fiscal, trasladando la carga impositiva al momento de la jubilación, cuando posiblemente el contribuyente se encuentre en un tramo impositivo más bajo.

**Plusvalías.** En el contexto fiscal español, las plusvalías se refieren a las ganancias que obtiene un contribuyente al vender un bien por un precio mayor al que lo adquirió. Estas ganancias son comunes en la venta de activos como inmuebles, acciones, o fondos de inversión. Las plusvalías se consideran ganancias patrimoniales y deben ser incluidas en la Declaración de la Renta, integrándose en la base liquidable del ahorro.

La tributación de las plusvalías busca gravar el beneficio económico obtenido por la venta de bienes y derechos. El cálculo de la plusvalía toma en cuenta el precio de venta y el precio de adquisición, ajustados por los gastos y tributos asociados a ambas operaciones. Existen ciertas exenciones y reducciones aplicables, como en el caso de la reinversión de la ganancia en la compra de otra vivienda habitual para contribuyentes de ciertas edades.

La gestión de las plusvalías es un aspecto importante en la planificación fiscal, especialmente para inversionistas y propietarios de bienes inmobiliarios.

# R

**Reducción por obtención de rendimientos del trabajo.** En el sistema fiscal español, la reducción por obtención de rendimientos del trabajo es un beneficio aplicado en el cálculo del Impuesto sobre la Renta de las Personas Físicas (IRPF).

Esta reducción se aplica a los ingresos obtenidos por el trabajo asalariado y tiene como objetivo disminuir la carga fiscal de los trabajadores con ingresos más bajos.

La cantidad de esta reducción varía según el nivel de ingresos del contribuyente, siendo mayor para aquellos con ingresos más bajos.

La reducción por rendimientos del trabajo se calcula automáticamente y se aplica antes de determinar la base imponible del IRPF.

Este mecanismo fiscal pretende garantizar una tributación más equitativa, asegurando que los contribuyentes con menores ingresos dispongan de una mayor proporción de su salario para cubrir sus necesidades básicas. Es importante para los contribuyentes conocer esta reducción, ya que puede tener un impacto significativo en el cálculo de su impuesto a pagar.

**Reducciones.** En el contexto del IRPF en España, las reducciones son descuentos que se aplican sobre la base imponible del impuesto, antes de calcular la cuota íntegra.

Estas reducciones están diseñadas para tener en cuenta circunstancias personales, familiares, laborales o económicas específicas que justifiquen una menor carga fiscal.

Algunas reducciones comunes incluyen las mencionadas por rendimientos del trabajo, por aportaciones a planes de pensiones, por alquileres de vivienda para menores de cierta edad, y por determinados tipos de rendimientos de actividades económicas. Las reducciones varían cada año y pueden ser modificadas en los Presupuestos Generales del Estado.

Son un elemento clave en la planificación fiscal individual, ya que pueden reducir significativamente la cantidad de impuestos a pagar.

**Régimen de tributación.** El régimen de tributación se refiere al conjunto de normas y procedimientos que establecen cómo se deben calcular y pagar los impuestos.

En España, existen diferentes regímenes de tributación para el IRPF, dependiendo de la naturaleza de los ingresos y las características del contribuyente. Estos incluyen el régimen general, la estimación directa y la estimación objetiva para rendimientos de actividades económicas, y regímenes especiales para determinados tipos de contribuyentes, como los trabajadores autónomos o las empresas.

Cada régimen de tributación tiene sus propias reglas para la determinación de la base imponible, las deducciones y reducciones aplicables, y el cálculo del impuesto. La elección del régimen de tributación adecuado es crucial, ya que puede tener un impacto significativo en la cantidad de impuesto a pagar.

Los contribuyentes deben evaluar cuál régimen se adapta mejor a su situación particular y asegurarse de cumplir con todas las obligaciones fiscales correspondientes.

**Régimen económico matrimonial.** En España, el régimen económico matrimonial es el conjunto de normas que rigen las relaciones económicas entre los cónyuges y cómo afectan estas a sus respectivos patrimonios.

Los regímenes más comunes son el de gananciales y el de separación de bienes.

En el régimen de gananciales, todos los ingresos y bienes adquiridos por cualquiera de los cónyuges durante el matrimonio se consideran propiedad común y se reparten por igual en caso de divorcio o disolución del matrimonio.

En cambio, en el régimen de separación de bienes, cada cónyuge mantiene la propiedad y control sobre sus ingresos y bienes, tanto los obtenidos antes como durante el matrimonio.

El régimen económico matrimonial puede tener implicaciones fiscales significativas, especialmente en lo que respecta al IRPF, el Impuesto sobre Sucesiones y Donaciones y el Impuesto sobre Transmisiones Patrimoniales.

Es importante que los cónyuges sean conscientes de las consecuencias fiscales de su régimen matrimonial y consideren cómo puede afectar su situación tributaria.

**Regímenes fiscales.** Los regímenes fiscales son los diferentes sistemas o normativas bajo los cuales los contribuyentes declaran y pagan sus impuestos.

En España, existen varios regímenes fiscales dependiendo del tipo de contribuyente y de la naturaleza de sus ingresos. Ejemplos de estos regímenes incluyen el régimen general del IRPF, el régimen de estimación directa y el régimen de estimación objetiva (o de módulos) para empresarios y autónomos, así como regímenes especiales para entidades sin fines de lucro, empresas de reducida dimensión, y no residentes.

Cada régimen fiscal tiene sus propias normas en cuanto a la declaración de ingresos, deducciones permitidas, y cálculo del impuesto. La elección del régimen fiscal más adecuado depende de varios factores, como el volumen de ingresos, el tipo de actividad económica y las características específicas del contribuyente o de la entidad.

**Reinversión en vivienda habitual.** La reinversión en vivienda habitual es un concepto del IRPF en España que permite a los contribuyentes eximirse de pagar impuestos sobre las ganancias patrimoniales obtenidas por la venta de su vivienda habitual, siempre que reinviertan el total del importe obtenido en la compra o rehabilitación de una nueva vivienda habitual.

Para aplicar esta exención, la reinversión debe realizarse en un plazo determinado antes o después de la venta de la vivienda original.

Si la cantidad reinvertida es menor que la totalidad de la ganancia obtenida, la exención se aplicará de manera proporcional.

Esta medida fiscal está diseñada para facilitar la movilidad residencial y ayudar a los contribuyentes a renovar o cambiar su vivienda habitual sin incurrir en una carga fiscal adicional por las ganancias patrimoniales generadas en el proceso.

**Rendimientos del capital.** En el ámbito fiscal español, los rendimientos del capital se refieren a los ingresos que un contribuyente obtiene de sus inversiones y bienes patrimoniales.

Estos rendimientos se clasifican en dos categorías principales: rendimientos del capital inmobiliario y rendimientos del capital mobiliario.

La tributación de estos rendimientos se realiza a través del Impuesto sobre la Renta de las Personas Físicas (IRPF) y se incluyen en la base liquidable del ahorro.

Estos rendimientos son importantes para la declaración de impuestos, ya que representan una parte significativa de los ingresos para muchos contribuyentes.

La correcta declaración y tributación de los rendimientos del capital asegura el cumplimiento de las obligaciones fiscales y contribuye a la equidad y eficiencia del sistema tributario.

**Rendimientos del capital inmobiliario.** Los rendimientos del capital inmobiliario en España se refieren a los ingresos obtenidos por la propiedad o uso de bienes inmuebles.

Estos ingresos pueden provenir del alquiler de viviendas, locales comerciales, oficinas, o cualquier otra forma de arrendamiento de propiedades.

La tributación de estos rendimientos considera los ingresos brutos obtenidos, menos los gastos deducibles vinculados a la propiedad y al alquiler del inmueble, como reparaciones, intereses de préstamos hipotecarios, impuestos locales, gastos de comunidad, entre otros.

Los rendimientos netos calculados de esta manera se integran en la base liquidable del ahorro del IRPF.

Este tipo de rendimiento es relevante para propietarios de inmuebles que los alquilan, siendo un componente clave en la planificación fiscal de estos contribuyentes.

**Rendimientos del capital mobiliario.** Los rendimientos del capital mobiliario en el sistema fiscal español son los ingresos que se derivan de la inversión en bienes y derechos de contenido económico que no son inmuebles.

Esto incluye, por ejemplo, intereses de cuentas bancarias, dividendos de acciones, ingresos por la cesión a terceros de capitales propios, rendimientos de seguros de vida o planes de ahorro, y ganancias de fondos de inversión.

Estos rendimientos se consideran parte de la base liquidable del ahorro en el IRPF y están sujetos a una escala de gravamen específica.

La correcta declaración de estos rendimientos es esencial, y los contribuyentes deben tener en cuenta las retenciones practicadas por las entidades pagadoras, que se consideran pagos a cuenta del impuesto final.

Los rendimientos del capital mobiliario reflejan la capacidad económica del contribuyente derivada de sus inversiones financieras, siendo un elemento importante en la determinación de su carga tributaria global.

**Rendimientos del trabajo.** Los rendimientos del trabajo en el sistema fiscal español son los ingresos que una persona física recibe como consecuencia de su relación laboral o profesional. Estos ingresos incluyen los salarios, sueldos, pensiones, comisiones, bonificaciones, y otros conceptos retributivos obtenidos por el trabajo asalariado o las actividades profesionales.

En el IRPF, los rendimientos del trabajo constituyen una de las bases imponibles más importantes y se calculan sumando todos los ingresos laborales brutos percibidos durante el año fiscal. A estos ingresos se les aplican ciertas deducciones y reducciones (como la reducción por obtención de rendimientos del trabajo), resultando en los rendimientos netos del trabajo que forman parte de la base imponible general del impuesto.

La tributación de estos rendimientos busca gravar la capacidad económica de los contribuyentes reflejada en sus ingresos por trabajo.

**Rendimientos del trabajo en especie.** Los rendimientos del trabajo en especie son aquellos beneficios o ventajas que un empleado recibe de su empleador, que no se entregan en dinero, sino en forma de bienes o servicios. Ejemplos de estos rendimientos incluyen el uso de viviendas proporcionadas por la empresa, vehículos de uso personal, seguros de vida, bonos para guarderías, entre otros.

Estos rendimientos en especie son valorados monetariamente y se consideran parte de la remuneración del empleado, sujetos por tanto a tributación en el IRPF.

Cada tipo de rendimiento en especie tiene una valoración fiscal específica establecida por la ley.

La inclusión de estos rendimientos en la base imponible del impuesto refleja el principio de capacidad económica, considerando todas las formas de retribución del trabajo, no solo las monetarias.

**Rendimientos íntegros.** En el ámbito fiscal, los rendimientos íntegros son la suma total de los ingresos obtenidos por un contribuyente antes de aplicar cualquier deducción o reducción.

En el caso de los rendimientos del trabajo, los rendimientos íntegros serían la totalidad de los ingresos laborales brutos percibidos. Para otras categorías de renta, como los rendimientos del capital inmobiliario o mobiliario, los rendimientos íntegros también incluirían la totalidad de los ingresos obtenidos de estas fuentes.

Estos rendimientos íntegros son el punto de partida para calcular la base imponible del IRPF, de la cual se restarán luego los gastos deducibles y se aplicarán las reducciones pertinentes para obtener los rendimientos netos, que finalmente serán los sujetos a tributación.

La determinación correcta de los rendimientos íntegros es crucial en el proceso de declaración de impuestos para asegurar el cumplimiento adecuado de las obligaciones fiscales.

**Renta Web.** Renta Web es una herramienta *online* proporcionada por la Agencia Tributaria en España para facilitar la presentación de la Declaración de la Renta del Impuesto sobre la Renta de las Personas Físicas (IRPF).

Esta plataforma está disponible para la mayoría de los contribuyentes y permite realizar la declaración de forma sencilla y eficiente, ya que integra los datos fiscales conocidos por la Administración, permitiendo modificarlos, confirmarlos o completarlos según sea necesario.

Renta Web ofrece varias ventajas: es accesible desde cualquier dispositivo con conexión a internet, no requiere la descarga de ningún programa, y su interfaz intuitiva guía al contribuyente a través del proceso de declaración.

Además, permite realizar simulaciones de la declaración, calcular el resultado (a devolver o a ingresar), y presentar la declaración directamente en línea.

Renta Web ha simplificado significativamente el proceso de declaración de impuestos en España, haciéndolo más accesible para los ciudadanos.

**Residencia fiscal.** La residencia fiscal de una persona determina bajo qué jurisdicción tributaria se encuentran sus ingresos globales.

En España, se considera residente fiscal a cualquier persona que permanezca más de 183 días al año en territorio español o cuyo centro de intereses económicos esté principalmente en España.

Los residentes fiscales en España están obligados a declarar y pagar impuestos sobre sus ingresos mundiales.

Determinar correctamente la residencia fiscal es crucial, ya que tiene implicaciones significativas en la forma y cantidad de impuestos a pagar.

Para los no residentes, solo se grava los ingresos obtenidos en España.

La Agencia Tributaria puede requerir pruebas de residencia fiscal en otro país para evitar la doble imposición.

**Retenciones.** Las retenciones en el sistema fiscal español son cantidades que se descuentan de ciertos tipos de ingresos (como los del trabajo, capital mobiliario o actividades profesionales) y se ingresan directamente a la Agencia Tributaria como un pago anticipado del impuesto sobre la renta.

Para los trabajadores por cuenta ajena, su empleador retiene una parte de su salario y la ingresa al Estado como un pago a cuenta del IRPF del trabajador.

Las retenciones también se aplican a los dividendos, intereses y al pago a profesionales independientes.

Las retenciones funcionan como un sistema de pago fraccionado del impuesto, ayudando a distribuir la carga fiscal a lo largo del año y reduciendo la probabilidad de que el contribuyente tenga grandes sumas de impuestos pendientes al final del período fiscal. En la declaración anual, estas retenciones se deducen de la cuota total del impuesto a pagar.

# S

**Solicitud de rectificación.** La solicitud de rectificación en el sistema tributario español es un procedimiento que permite a los contribuyentes corregir errores o datos incorrectos presentados en sus declaraciones de impuestos.

Esta solicitud se puede realizar cuando el contribuyente detecta que ha cometido un error que puede ser a su favor o en su contra, y desea enmendarlo antes de que la Administración Tributaria inicie cualquier procedimiento de revisión o inspección.

El proceso de rectificación se inicia mediante la presentación de una solicitud ante la Agencia Tributaria, explicando el error y aportando la documentación justificativa correspondiente. Si la rectificación resulta en un mayor importe a pagar, el contribuyente deberá abonarlo, posiblemente con intereses de demora. Si, por el contrario, la rectificación implica un menor impuesto o una mayor devolución, la Administración Tributaria procederá a realizar los ajustes necesarios.

Este procedimiento es una muestra de la voluntad del contribuyente de cumplir correctamente con sus obligaciones fiscales.

**Subvenciones.** Las subvenciones en el contexto fiscal español son ayudas económicas otorgadas por entidades públicas o privadas a individuos, empresas u organizaciones para apoyar actividades de interés público o social.

Desde el punto de vista del receptor, las subvenciones pueden tener diferentes tratamientos fiscales dependiendo de su naturaleza y finalidad.

En muchos casos, las subvenciones se consideran ingresos imponibles y deben incluirse en la base imponible del IRPF o del Impuesto sobre Sociedades, según corresponda. Sin embargo, ciertas subvenciones pueden estar exentas de tributación o disfrutar de un tratamiento fiscal especial, especialmente si están destinadas a actividades específicas de interés general, como la investigación, la cultura o la protección del medio ambiente. Es importante que los beneficiarios de subvenciones estén al tanto de sus obligaciones fiscales relacionadas con estas ayudas para garantizar el cumplimiento adecuado.

# T

**Tarifa autonómica.** En el sistema fiscal español, la tarifa autonómica se refiere a la parte del IRPF que es gestionada por las comunidades autónomas. El IRPF se compone de dos partes: la estatal y la autonómica.

Cada comunidad autónoma tiene la potestad de establecer sus propios tramos y tipos impositivos aplicables a la mitad de la base liquidable del impuesto, lo que permite cierta autonomía fiscal y la adaptación de la carga tributaria a las particularidades y necesidades de cada región.

Esta capacidad de las comunidades autónomas de regular parte del IRPF significa que la presión fiscal puede variar significativamente de una región a otra en España.

Los contribuyentes deben estar informados sobre la tarifa autonómica aplicable en su comunidad autónoma para entender correctamente su obligación tributaria y realizar una planificación fiscal adecuada.

**Tarifa estatal.** En el marco del Impuesto sobre la Renta de las Personas Físicas (IRPF) en España, la tarifa estatal es la parte del impuesto que es regulada y establecida por el gobierno central.

El IRPF se divide en dos componentes: la tarifa estatal y la tarifa autonómica. La tarifa estatal se aplica a la mitad de la base liquidable del impuesto y consiste en una serie de tramos de ingresos a los que se les asigna un tipo impositivo progresivo. Esto significa que a medida que aumentan los ingresos del contribuyente, también lo hace el porcentaje del impuesto aplicable a esos ingresos.

La estructura de la tarifa estatal es fundamental para determinar la carga fiscal de los contribuyentes en España y refleja la política fiscal del gobierno central en términos de recaudación y redistribución de ingresos.

Los tramos y tipos impositivos pueden variar según las decisiones del gobierno y los cambios en la legislación fiscal.

**Tipo de retención.** El tipo de retención se refiere al porcentaje que se aplica sobre ciertos ingresos para retener y adelantar el pago de impuestos en España.

Este mecanismo es común en los rendimientos del trabajo, del capital, actividades económicas y en premios, entre otros. El empleador o pagador de los ingresos retiene una parte de estos y la ingresa directamente a la Agencia Tributaria, actuando como un pago a cuenta del impuesto sobre la renta del receptor de dichos ingresos.

El tipo de retención depende de la naturaleza del ingreso y de las circunstancias personales y económicas del contribuyente.

Por ejemplo, en el caso de los rendimientos del trabajo, el tipo de retención variará según el nivel de ingresos, la situación personal y familiar del trabajador, entre otros factores.

Estas retenciones ayudan a distribuir la carga fiscal a lo largo del año y facilitan el cumplimiento de las obligaciones tributarias.

**Tipo impositivo.** El tipo impositivo es la tasa o porcentaje que se aplica sobre una base imponible para calcular la cuantía del impuesto a pagar en distintos tributos.

En el contexto del IRPF, el tipo impositivo varía según la base liquidable del contribuyente, siguiendo un sistema progresivo donde los tramos de ingresos más altos se gravan con un porcentaje mayor.

Los tipos impositivos no solo son relevantes en el IRPF, sino también en otros impuestos como el Impuesto sobre el Valor Añadido (IVA), el Impuesto sobre Sociedades, y otros tributos locales y autonómicos.

La definición de los tipos impositivos es una herramienta clave en la política fiscal, ya que a través de ellos se regula la carga tributaria sobre los contribuyentes, buscando equilibrar los ingresos del Estado con principios de equidad y capacidad económica.

**Tramos impositivos.** Los tramos impositivos en el sistema fiscal español se refieren a las divisiones de la base liquidable del impuesto sobre la renta (IRPF) a las que se aplican diferentes tipos impositivos. Estos tramos son progresivos, lo que significa que a medida que los ingresos de un contribuyente aumentan, también lo hace el porcentaje del impuesto aplicable.

En el IRPF, existen tramos tanto en la tarifa estatal como en la autonómica. Cada tramo establece un límite de ingresos y un tipo impositivo asociado. Por ejemplo, los ingresos hasta cierta cantidad se gravan a un tipo más bajo, y los ingresos que exceden ese límite se gravan a tipos progresivamente mayores.

Esta estructura busca que la carga fiscal sea más pesada para quienes tienen una mayor capacidad económica, siguiendo el principio de progresividad y equidad fiscal.

**Tributación conjunta.** La tributación conjunta es una opción disponible en el IRPF para las unidades familiares, especialmente para matrimonios y familias con hijos. Al optar por la tributación conjunta, todos los ingresos y deducciones de los miembros de la familia se suman y se presentan en una única declaración de impuestos.

Esta modalidad puede resultar en una carga tributaria total más baja para la unidad familiar, especialmente en casos donde uno de los cónyuges tiene ingresos significativamente menores o no tiene ingresos.

Sin embargo, no siempre es la opción más beneficiosa, por lo que se recomienda realizar cálculos comparativos con la tributación individual para determinar la mejor opción para cada situación específica.

**Tributación individual.** La tributación individual en el IRPF es el método estándar de declaración de impuestos en España, donde cada contribuyente presenta su propia declaración de forma independiente, reportando sus propios ingresos, deducciones y beneficios fiscales.

Esta modalidad es obligatoria para las personas solteras, divorciadas o separadas legalmente, y es una opción para los matrimonios y las unidades familiares.

La tributación individual puede ser más beneficiosa en situaciones donde ambos cónyuges tienen ingresos similares. Es importante evaluar cuidadosamente si la tributación individual o conjunta es más ventajosa, considerando todos los ingresos y posibles deducciones de los miembros de la familia.

 V

**Valor catastral.** El valor catastral en España es una valoración administrativa asignada a los inmuebles, tanto urbanos como rústicos, que se utiliza para diversos fines fiscales.

Este valor es determinado por el Catastro, una dependencia pública que se encarga del registro de las propiedades inmobiliarias.

El valor catastral refleja el valor del suelo y de las construcciones y se utiliza como base para calcular impuestos como el Impuesto sobre Bienes Inmuebles (IBI), así como para la imputación de rentas inmobiliarias en el IRPF y en el cálculo del Impuesto sobre el Patrimonio.

El valor catastral es generalmente inferior al valor de mercado del inmueble y se actualiza periódicamente para reflejar cambios en el mercado inmobiliario y en las características del inmueble.

Es importante para los propietarios conocer el valor catastral de sus propiedades, ya que influye directamente en la cuantía de varios impuestos y puede afectar la planificación fiscal y financiera.

**Venta de acciones.** La venta de acciones en el contexto fiscal español se refiere a la transacción en la que un contribuyente vende títulos accionariales que posee en una empresa. Las ganancias obtenidas de la venta de acciones se consideran ganancias patrimoniales y deben declararse en el IRPF.

La ganancia patrimonial se calcula como la diferencia entre el precio de venta y el precio de adquisición de las acciones, ajustado por los gastos y tributos asociados a la operación.

Estas ganancias se integran en la base liquidable del ahorro y están sujetas a tributación según la escala específica para este tipo de renta.

En algunos casos, se pueden aplicar exenciones o reducciones, como en el caso de reinversión de ganancias en determinadas circunstancias.

La correcta declaración y tributación de las ganancias por la venta de acciones es crucial para el cumplimiento de las obligaciones fiscales y para la optimización de la carga tributaria del inversor.

# Decálogo de buenas prácticas para no pagar de más en la renta

La Declaración de la Renta es un trámite obligatorio para muchos ciudadanos en España, y aunque puede parecer una simple formalidad, la realidad es que una declaración bien hecha puede significar un ahorro considerable.

Para no pagar más de lo debido, es importante seguir una serie de buenas prácticas. Este decálogo ofrece consejos clave para optimizar tu declaración y garantizar que solo pagas lo justo.

## 1. Revisa todas las deducciones aplicables

Una de las estrategias más efectivas para no pagar de más en la Declaración de la Renta es revisar y aplicar todas las deducciones fiscales para las que seas elegible.

Las deducciones pueden variar significativamente en función de tus circunstancias personales, profesionales y familiares, y pueden tener un impacto considerable en la reducción de tu carga tributaria. Aquí hay varios aspectos a considerar:

- **Deducciones personales y familiares.** Si tienes hijos, dependientes a tu cargo, o si tú o algún miembro de tu familia tiene alguna discapacidad, es posible que califiques para deducciones específicas. Estas pueden incluir deducciones por maternidad, por cuidado de hijos menores de tres años, por ascendientes con discapacidad, entre otras.
- **Deducciones por inversiones y gastos particulares.** Si has realizado inversiones en vivienda habitual (bajo ciertas condiciones), donaciones a entidades benéficas, o has hecho aportaciones a planes de pensiones, estos gastos pueden ser susceptibles de deducción. También se incluyen deducciones por alquiler de vivienda habitual, especialmente para jóvenes o personas con bajos ingresos.
- **Deducciones por actividad profesional.** Si eres autónomo o realizas una actividad económica por cuenta propia, puedes deducir gastos relacionados con tu actividad. Esto incluye gastos de oficina, suministros, desplazamientos, formación profesional y otros gastos necesarios para el desarrollo de tu trabajo.
- **Deducciones autonómicas.** Además de las deducciones estatales, las comunidades autónomas en España ofrecen sus propias deducciones. Estas pueden estar relacionadas con la cultura local, fomento del empleo regional, protección del medio ambiente, entre otros. Es esencial informarse sobre las deducciones específicas de tu comunidad autónoma.
- **Revisión anual de las deducciones.** Las leyes fiscales pueden cambiar de un año a otro. Por lo tanto, es importante revisar anualmente las deducciones disponibles,

ya que pueden surgir nuevas oportunidades de ahorro fiscal o modificaciones en las existentes.

- **Documentación y justificación.** Para aplicar cualquier deducción, debes tener la documentación necesaria que justifique los gastos. Guarda todos los recibos, facturas y comprobantes que puedan ser requeridos por la Agencia Tributaria.

En resumen, una revisión exhaustiva y detallada de las deducciones aplicables puede ayudarte a reducir significativamente la cantidad de impuesto a pagar en la Declaración de la Renta. Es un proceso que requiere tiempo y atención, pero que puede resultar en ahorros fiscales sustanciales.

### 2. Aprovecha las deducciones autonómicas

Las deducciones autonómicas en la Declaración de la Renta son beneficios fiscales específicos que cada comunidad autónoma en España establece para sus residentes. Estas deducciones se suman a las deducciones estatales y están diseñadas para adaptarse a las necesidades y características particulares de cada región. Aprovecharlas puede suponer un ahorro fiscal significativo.

Veamos cómo maximizar estos beneficios:

- **Conoce las deducciones de tu comunidad autónoma.** Cada comunidad autónoma tiene un conjunto de deducciones que pueden variar considerablemente. Estas pueden incluir deducciones por alquiler de vivienda, inversiones en energías renovables, gastos de educación, nacimiento o adopción de hijos, entre otros. Es esencial que te informes sobre las deducciones específicas disponibles en tu comunidad autónoma.

- **Consulta fuentes oficiales regularmente.** Las leyes fiscales pueden cambiar, por lo que es importante mantenerse actualizado. Consulta regularmente las páginas web oficiales de la Agencia Tributaria y de tu comunidad autónoma, así como cualquier publicación oficial que pueda proporcionar información actualizada sobre las deducciones disponibles.

- **Analiza tu situación personal y familiar.** Evalúa cómo las circunstancias personales y familiares (como el número de hijos, situaciones de dependencia o discapacidad, y circunstancias laborales) pueden afectar las deducciones a las que tienes derecho. Muchas deducciones autonómicas están diseñadas para apoyar situaciones familiares y personales específicas.

- **Documentación y justificación.** Al igual que con las deducciones estatales, es crucial tener toda la documentación que justifique los gastos y las inversiones realizadas. Guarda todos los recibos, facturas y comprobantes necesarios para soportar tu derecho a las deducciones.

- **Ejemplos prácticos.** Por ejemplo, algunas comunidades ofrecen deducciones por gastos en educación, como la compra de libros o el pago de matrículas escolares. Otras pueden ofrecer beneficios fiscales por rehabilitación de viviendas, especialmente si estas mejoras contribuyen a la eficiencia energética.

- **Consulta con profesionales en tu región.** Considera la posibilidad de consultar con un asesor fiscal que esté familiarizado con las particularidades fiscales de tu comunidad autónoma. Un experto local puede ofrecerte consejos específicos y ayudarte a identificar todas las deducciones a las que tienes derecho.

En resumen, las deducciones autonómicas representan una oportunidad importante para reducir tu carga fiscal. Un conocimiento profundo y actualizado de estas deducciones, junto con una correcta aplicación en tu declaración, puede resultar en ahorros significativos en tu Declaración de la Renta.

### 3. Declara todos tus ingresos correctamente

Declarar todos los ingresos correctamente es fundamental para evitar problemas con la Agencia Tributaria y para asegurarse de no pagar más impuestos de lo debido.

A continuación, se detallan aspectos clave para una correcta declaración de ingresos:

- **Entiende todos tus fuentes de ingresos.** Incluye todos los tipos de ingresos que hayas recibido durante el año fiscal. Esto abarca no solo los salarios o rendimientos del trabajo, sino también ingresos por alquileres, ganancias de inversiones, intereses bancarios, dividendos de acciones, pensiones, y cualquier otro ingreso, ya sea regular o puntual.

- **Ingresos por trabajo autónomo y actividades económicas.** Si eres trabajador autónomo o realizas alguna actividad económica, asegúrate de incluir todos tus ingresos operacionales. Mantén un registro detallado y organizado de todas las facturas emitidas y recibos de pagos.
- **Ingresos por alquileres.** Todos los ingresos generados por el alquiler de propiedades deben ser declarados. Esto incluye no solo los pagos regulares de alquiler, sino también cualquier suma recibida por conceptos como fianzas o pagos por servicios adicionales.
- **Capital mobiliario e inmobiliario.** Debes incluir los ingresos por intereses de cuentas de ahorro, dividendos, ganancias por la venta de acciones, y otros rendimientos de capital mobiliario. Igualmente, cualquier ganancia patrimonial, como la obtenida por la venta de una propiedad, debe ser declarada.
- **Evita la doble imposición.** Si has tenido ingresos en el extranjero, debes incluirlos en tu declaración. Sin embargo, España tiene acuerdos de doble imposición con varios países, por lo que puedes beneficiarte de deducciones o créditos para evitar pagar impuestos dos veces sobre el mismo ingreso.
- **Revisa las retenciones y pagos a cuenta:** Asegúrate de que las retenciones y pagos a cuenta realizados por empleadores o pagadores estén correctamente reflejados en tu declaración. Estos montos se deducirán de tu cuota final del impuesto.
- **Utiliza la información fiscal previa.** La Agencia Tributaria ofrece información fiscal previa que puede ayudar a verificar que todos tus ingresos han sido incluidos.

Revisa esta información detenidamente para asegurarte de que está completa y es correcta.

- **Consulta con profesionales en caso de duda.** Si tienes ingresos complejos o diversas fuentes de ingresos, considera la asistencia de un asesor fiscal. Un profesional puede ayudarte a entender mejor tus obligaciones tributarias y a asegurarte de que todos tus ingresos están correctamente declarados.

En resumen, una declaración completa y precisa de todos tus ingresos no solo es una obligación legal, sino también una estrategia clave para evitar pagar más de lo debido. Una correcta declaración te protege de posibles sanciones y te asegura de que estás aprovechando todas las deducciones y beneficios fiscales a los que tienes derecho.

### 4. Organización y anticipación

Una planificación cuidadosa y una organización meticulosa son esenciales para una Declaración de la Renta eficiente y precisa. Aquí te detallo cómo puedes mejorar en estos aspectos:

- **Comienza temprano.** No esperes hasta el último momento para empezar tu declaración. Comenzar temprano te da suficiente tiempo para reunir toda la información necesaria, resolver dudas y evitar el estrés de las prisas de última hora.
- **Mantén un registro de tus ingresos y gastos durante el año.** Lleva un control detallado de todos tus ingresos, así como de los gastos deducibles y las inversiones

a lo largo del año. Utiliza herramientas de seguimiento financiero o simplemente lleva un registro en una hoja de cálculo.

- **Organiza tus documentos.** Guarda todos los documentos importantes, como certificados de retención, comprobantes de ingresos, facturas de gastos deducibles y justificantes de inversiones. Mantén estos documentos organizados, ya sea en formato digital o físico, para un fácil acceso.
- **Consulta cambios en la legislación fiscal.** Mantente al día con los cambios en las leyes fiscales que pueden afectar tu declaración. Esto incluye nuevas deducciones, modificaciones en los tramos impositivos o cambios en los requisitos de declaración.
- **Establece recordatorios.** Usa calendarios y recordatorios para no olvidar fechas importantes, como los plazos para presentar la declaración o para realizar pagos a cuenta.
- **Revisa declaraciones anteriores.** Examina tus declaraciones de años anteriores para tener una referencia y asegurarte de que no estás pasando por alto ninguna información relevante.
- **Utiliza herramientas y recursos en línea.** Aprovecha las herramientas y recursos en línea proporcionados por la Agencia Tributaria, como Renta Web, que te pueden facilitar el proceso de declaración.
- **Planifica consultas con asesores fiscales si es necesario.** Si tienes una situación fiscal compleja o simplemente quieres asegurarte de que estás maximizando tus ahorros fiscales, programa citas con un asesor fiscal con antelación.

- **Anticipa pagos y compensaciones.** Si debes realizar pagos adicionales o si esperas una devolución, planifica con anticipación para administrar mejor tu flujo de efectivo.

La organización y anticipación no solo te ayudarán a minimizar errores y a maximizar deducciones en tu declaración, sino que también pueden convertir la tarea anual de declarar impuestos en un proceso mucho más manejable y menos estresante. Una buena planificación te asegura estar siempre un paso adelante en tus obligaciones fiscales.

### 5. Valora la opción de hacer una declaración conjunta

En España, los contribuyentes casados tienen la opción de presentar la Declaración de la Renta de manera conjunta o individual. Esta decisión puede tener un impacto significativo en la carga fiscal total del hogar.

A continuación, se detallan aspectos clave para considerar al valorar esta opción:

- **Entender las diferencias.** En una declaración conjunta, los ingresos, deducciones y posibles exenciones de todos los miembros de la familia se suman y se declaran en un solo documento. Por otro lado, en una declaración individual, cada miembro de la familia declara sus ingresos y deducciones de manera independiente.
- **Beneficios de la declaración conjunta.** Este método puede ser ventajoso cuando uno de los cónyuges tiene

ingresos significativamente menores o no tiene ingresos. La declaración conjunta puede resultar en una base imponible menor y, por lo tanto, en una carga tributaria total reducida, especialmente útil en familias con un solo ingreso.

- **Analiza tu situación personal.** La opción más beneficiosa depende de varios factores, como el nivel de ingresos de cada cónyuge, las deducciones y bonificaciones disponibles, y la situación personal y familiar (número de hijos, por ejemplo).

- **Realiza cálculos comparativos.** Antes de decidir, es recomendable hacer simulaciones de ambas opciones. Esto te permitirá comparar la carga fiscal resultante de cada método y elegir el que resulte en un menor pago de impuestos.

- **Cambio en la situación familiar.** Si tu situación familiar cambia (por ejemplo, nacimiento de un hijo, divorcio, etc.), vuelve a evaluar la opción de tributación conjunta, ya que estas modificaciones pueden influir en tu decisión.

- **Consulta con expertos.** Si tienes dudas sobre qué opción es la más adecuada en tu caso, no dudes en consultar con un asesor fiscal. Un profesional puede proporcionarte una visión más clara de las implicaciones fiscales de cada opción.

- **Mantén la documentación organizada.** Independientemente de la opción elegida, asegúrate de tener toda la documentación y justificantes necesarios para respaldar los ingresos y deducciones que declaras.

La elección entre la declaración conjunta o individual es una decisión importante que puede influir significativamente en tu factura fiscal. Una evaluación cuidadosa de tu situación personal y familiar, junto con un análisis detallado de las implicaciones fiscales de cada opción, te ayudará a tomar la decisión más ventajosa económicamente.

## 6. Inclusión de gastos deducibles

Una parte crucial para no pagar de más en la Declaración de la Renta es identificar y aprovechar al máximo los gastos deducibles. Estos reducen la base imponible y, por ende, el importe del impuesto a pagar.

Aquí te detallo cómo maximizar este beneficio:

- **Comprende qué gastos son deducibles.** No todos los gastos son deducibles en el IRPF. Los gastos deducibles varían según tu situación laboral y personal. Para los trabajadores por cuenta ajena, pueden incluir gastos relacionados con la seguridad social o contribuciones a planes de pensiones. Para los autónomos, los gastos deducibles son más amplios, incluyendo gastos de oficina, material, vehículo (en proporción al uso profesional), gastos de viaje, entre otros.
- **Gastos relacionados con la vivienda habitual.** Si tienes una hipoteca sobre tu vivienda habitual, los intereses de la hipoteca pueden ser deducibles. Esta deducción ha sufrido cambios en los últimos años, por lo que es importante verificar la legislación vigente.

- **Gastos de educación y formación.** Algunos gastos relacionados con la educación y formación profesional pueden ser deducibles, especialmente si están directamente relacionados con tu actividad laboral.
- **Donaciones a entidades benéficas.** Las donaciones a organizaciones sin ánimo de lucro y otras entidades que califiquen pueden ser deducibles. Guarda los recibos de estas donaciones como justificante.
- **Mantén todos los justificantes.** Es esencial conservar todos los recibos y facturas que justifiquen los gastos realizados. La Agencia Tributaria puede solicitar estos documentos como prueba de tus deducciones.
- **Conoce las deducciones autonómicas.** Además de las deducciones estatales, cada comunidad autónoma en España ofrece deducciones propias. Infórmate sobre estas para aprovechar todas las posibles deducciones.
- **Actualízate sobre cambios legislativos.** Las leyes fiscales pueden cambiar, y con ellas, los gastos que son deducibles. Mantente informado sobre cualquier actualización que pueda afectar tu declaración.
- **Consulta con profesionales en caso de duda.** Si tienes dudas sobre qué gastos son deducibles en tu caso, considera consultar con un asesor fiscal. Un profesional puede ayudarte a identificar todos los gastos deducibles aplicables a tu situación.

Incluir correctamente los gastos deducibles en tu Declaración de la Renta es fundamental para asegurarte de no pagar más impuestos de lo necesario. Una buena práctica es revisar y documentar estos gastos a lo largo del año, para facilitar su inclusión en la declaración.

## 7. Mantén actualizada tu situación personal

Mantener actualizada tu situación personal en la Declaración de la Renta es crucial, ya que cualquier cambio en tu vida puede tener implicaciones fiscales significativas. Una situación personal correctamente reflejada puede abrir la puerta a deducciones, bonificaciones y ajustes en la tributación. A continuación, se detallan aspectos clave para mantener tu situación personal actualizada:

- **Cambia en tu estado civil.** Si te casas, te divorcias o te conviertes en pareja de hecho, tu situación fiscal puede cambiar. Por ejemplo, el matrimonio puede permitirte optar por la tributación conjunta, lo que en algunos casos puede ser más beneficioso.
- **Nacimiento o adopción de hijos.** El nacimiento o adopción de hijos no solo afecta tus deducciones personales y familiares, sino que también puede darte derecho a aplicar deducciones específicas como la deducción por maternidad.
- **Modificaciones en la situación laboral.** Cambios en tu situación laboral, como pasar de ser empleado a autónomo, estar en desempleo o jubilarte, alteran tu perfil fiscal. Cada una de estas situaciones conlleva diferentes tratamientos fiscales y potenciales deducciones.
- **Actualiza tu domicilio fiscal.** Si te mudas, es importante actualizar tu domicilio fiscal. Esto es especialmente relevante si te trasladas a otra comunidad autónoma, ya que las deducciones autonómicas varían de una región a otra.

- **Situaciones de dependencia o discapacidad.** Si tú o algún miembro de tu familia inmediata sufre una discapacidad o se convierte en dependiente, pueden surgir nuevas deducciones o bonificaciones fiscales.
- **Revisa y actualiza tus datos con antelación.** Antes de la campaña de la Declaración de la Renta, revisa tus datos personales y familiares en los registros de la Agencia Tributaria. Asegúrate de que reflejen tu situación actual.
- **Informa sobre cambios en los ingresos.** Cualquier cambio en tus fuentes de ingresos, como recibir una herencia o ganar un premio, también debe ser actualizado, ya que puede tener un impacto en la tributación.
- **Mantén la documentación relevante.** Guarda todos los documentos que justifiquen los cambios en tu situación personal, como certificados de matrimonio, nacimiento, defunción o documentos relacionados con la discapacidad.

Mantener actualizada tu situación personal es esencial para asegurar una correcta tributación y para aprovechar todas las deducciones y beneficios fiscales disponibles. Una revisión regular y una actualización proactiva de tus datos personales y familiares pueden resultar en una optimización significativa de tu carga tributaria.

### 8. Utiliza herramientas y programas oficiales

El aprovechamiento de las herramientas y programas oficiales proporcionados por la Agencia Tributaria es fundamental para una declaración de la renta eficiente y precisa.

Estas herramientas están diseñadas para simplificar el proceso, minimizar errores y ayudar a los contribuyentes a cumplir con sus obligaciones fiscales de manera más efectiva.

A continuación, se detallan algunos recursos clave:

- **Renta Web.** Renta Web es una aplicación web disponible en el portal de la Agencia Tributaria que permite preparar y presentar la declaración de la renta en línea. Esta herramienta es accesible, intuitiva y segura, y está disponible para la mayoría de los contribuyentes. Renta Web pre–carga muchos de tus datos fiscales, lo que facilita el proceso de llenado de la declaración.
- **Borrador de la declaración.** La Agencia Tributaria ofrece un borrador de la declaración a los contribuyentes, que incluye datos previamente recopilados por la administración. Es importante revisar y confirmar que todos los datos en el borrador son correctos y completos antes de aceptarlo y presentarlo.
- **Programa PADRE.** Aunque en los últimos años ha sido sustituido en gran medida por Renta Web, el Programa PADRE fue una herramienta de escritorio utilizada para preparar declaraciones de la renta. Aunque ya no se actualiza, algunas de sus versiones anteriores pueden ser útiles para consultas históricas.
- **Aplicaciones móviles.** La Agencia Tributaria ofrece aplicaciones móviles que permiten realizar ciertas gestiones y consultas relativas a tu declaración de la renta desde el teléfono móvil.

- **Portal de la agencia tributaria.** El sitio web oficial de la Agencia Tributaria es una fuente rica en información, donde puedes encontrar guías, manuales, y respuestas a preguntas frecuentes sobre la declaración de la renta y otros temas fiscales.
- **Simuladores y calculadoras fiscales.** Estas herramientas permiten estimar tu carga fiscal, calcular deducciones y entender mejor cómo diferentes escenarios pueden afectar tu declaración.
- **Sistema de notificaciones electrónicas.** Registrarse en el sistema de notificaciones electrónicas de la Agencia Tributaria puede ayudarte a estar al día con tus obligaciones fiscales y recibir comunicaciones importantes de manera rápida.
- **Asistencia virtual y telefónica.** Para dudas o consultas, puedes utilizar los servicios de asistencia virtual (*chatbots*) o telefónica ofrecidos por la Agencia Tributaria.

Utilizar estas herramientas y programas oficiales no solo facilita el proceso de declaración, sino que también garantiza que estás utilizando información y métodos actualizados y acordes con la legislación vigente. Así, puedes maximizar la precisión de tu declaración y minimizar el riesgo de errores o problemas con la administración fiscal.

## 9. Asesoramiento por profesionales

El asesoramiento por profesionales en materia de impuestos es una estrategia clave para aquellos contribuyentes que buscan optimizar su Declaración de la Renta y asegurarse de no pagar más de lo debido.

A continuación, se detallan varios aspectos importantes relacionados con la búsqueda y utilización de servicios profesionales:

- **Identifica cuándo necesitas un asesor fiscal.** Si tu situación fiscal es compleja debido a múltiples fuentes de ingresos, inversiones, propiedades en alquiler, o si eres autónomo con una variedad de deducciones posibles, contar con un asesor fiscal puede ser muy beneficioso. Además, si has tenido cambios significativos en tu vida como un matrimonio, divorcio, herencia o un cambio en tu situación laboral, un asesor puede ayudarte a navegar por las implicaciones fiscales de estos eventos.
- **Elige el asesor correcto.** Busca un profesional con experiencia y conocimientos específicos en la legislación fiscal española y, si es relevante para tu caso, con especialización en temas como fiscalidad internacional, tributación de empresas o asuntos específicos de autónomos. Verifica sus credenciales y busca referencias o reseñas de otros clientes.
- **Preparación de la declaración.** Un asesor fiscal no solo puede ayudarte a preparar y presentar tu declaración, sino que también puede identificar oportunidades de ahorro fiscal, aconsejarte sobre la planificación fiscal a futuro y asegurarse de que aprovechas todas las deducciones y beneficios fiscales disponibles.
- **Representación ante la agencia tributaria.** En caso de inspecciones, requerimientos o disputas con la Agencia Tributaria, un asesor fiscal puede representarte y

actuar en tu nombre, lo cual es especialmente valioso si te enfrentas a situaciones complejas o estresantes.

- **Coste-beneficio del asesoramiento.** Evalúa el coste del asesoramiento frente a los posibles ahorros y beneficios. En muchos casos, el ahorro fiscal y la tranquilidad de saber que tu declaración está correctamente presentada pueden justificar ampliamente el coste del servicio.
- **Mantén una comunicación fluida.** Proporciona toda la información y documentación necesaria a tu asesor fiscal y mantén una comunicación abierta. Ser transparente y proactivo con tu asesor asegurará que puedan brindarte el mejor servicio posible.
- **Educación y conocimiento.** Aunque decidas utilizar los servicios de un profesional, es útil tener un conocimiento básico de los impuestos y la fiscalidad. Esto te permitirá entender mejor las recomendaciones de tu asesor y tomar decisiones informadas.

El asesoramiento profesional puede ser una inversión valiosa en tu tranquilidad y salud financiera. Un experto en fiscalidad no solo te ayudará a cumplir con tus obligaciones tributarias, sino que también puede ser un aliado crucial para optimizar tu situación fiscal y planificar tu futuro financiero.

## 10. Revisa el borrador de la declaración

La revisión cuidadosa del borrador de la Declaración de la Renta es un paso fundamental para asegurarse de que toda la información es correcta y completa.

La Agencia Tributaria de España ofrece a muchos contribuyentes un borrador de su declaración, que incluye datos prellenados basados en la información de la que dispone la administración. Sin embargo, es responsabilidad del contribuyente revisar y confirmar que estos datos son precisos. A continuación, se detallan aspectos clave para esta revisión:

- **Verifica tus datos personales.** Comprueba que tus datos personales, como nombre, NIF, dirección y situación familiar, estén correctos y actualizados.
- **Revisa todos tus ingresos:** Asegúrate de que todos tus ingresos (trabajo, actividades económicas, alquileres, inversiones, etc.) estén correctamente reflejados. Verifica especialmente las fuentes de ingresos que no sean de empleadores habituales, como trabajos temporales o ingresos esporádicos.
- **Comprueba las deducciones y bonificaciones.** Verifica que todas las deducciones y bonificaciones a las que tienes derecho estén incluidas en el borrador. Esto incluye deducciones estatales y autonómicas, así como deducciones específicas por tu situación personal o familiar.
- **Ingresos exentos y doble imposición.** Si tienes ingresos exentos de tributación o has pagado impuestos en el extranjero, asegúrate de que esta información esté correctamente reflejada para evitar la doble imposición.
- **Contribuciones a planes de pensiones y donaciones.** Si has realizado aportaciones a planes de pensiones o

donaciones a entidades benéficas, comprueba que estas figuran adecuadamente en el borrador.

- **Información sobre propiedades e hipotecas.** Si eres propietario de bienes inmuebles o tienes hipotecas, revisa que la información relacionada con estos esté bien reflejada, especialmente en lo que respecta a deducciones por inversión en vivienda habitual.
- **Revisa las retenciones:** Asegúrate de que las retenciones practicadas por tu empleador o pagador estén correctamente reportadas.
- **Utiliza la información fiscal previa.** Compara el borrador con tu información fiscal previa y con tus propios registros para detectar posibles discrepancias.
- **Corrige errores o inconsistencias.** Si encuentras errores o datos incompletos, corrígelos antes de presentar la declaración. Puedes modificar el borrador en línea o, si es necesario, contactar a la Agencia Tributaria para aclaraciones.
- **Consulta con un profesional si es necesario.** Si no estás seguro de cómo corregir errores o interpretar cierta información, no dudes en consultar con un asesor fiscal.

Revisar minuciosamente el borrador de la declaración es un paso crucial para evitar errores que podrían resultar en pagar más impuestos de lo debido o, en el peor de los casos, en sanciones por parte de la Agencia Tributaria.

Tomarte el tiempo necesario para esta revisión es una inversión en tu tranquilidad y seguridad fiscal.